Walter Trobisch
Mit unerfüllten Wünschen leben

Walter Trobisch

Mit unerfüllten Wünschen leben

Briefwechsel mit Jungen und Mädchen

Editions Trobisch

1. Auflage 1978
2. Auflage 1980
3. Auflage 1983

ISBN 3 87827 036 4
© 1978 Editions Trobisch
Postfach 2048
7640 Kehl/Rhein
Druck: Ebner Ulm

Gebet

Herr, wir wollen dir heute ein Feuerchen machen,
einen kleinen Scheiterhaufen,
und unsere Luftschlösser darin verbrennen.
Aus den Scheiten wirst du das Ächzen hören
und das Stöhnen sterbender Träume.
Aber im Rauch haben wir dir ein Loblied versteckt.

Hans Staiger

Inhaltsverzeichnis

Vorwort

»Ich bin sechzehn.« – »Ich bin sechzehn.« – Eines Tages fiel mir beim Beantworten meiner Leserpost auf, daß diese mit einer gewissen Genugtuung mitgeteilte Altersangabe immer wieder vorkam. Eine Überprüfung ergab, daß ich allein in einem Jahr an die hundert Briefe Sechzehnjähriger erhalten hatte, und zwar interessanterweise etwa die gleiche Anzahl von Jungen wie von Mädchen.

Es waren in der Mehrzahl spontane Reaktionen auf mein Büchlein »Liebe ist ein Gefühl, das man lernen muß.« Beim Beantworten mußte ich natürlich vielen das Gleiche schreiben. Dabei ertappte ich mich auch immer wieder bei dem Gedanken: Wenn dieses Mädchen nur den Brief jenes andern lesen könnte, um zu erkennen, daß sie mit ihrem Problem nicht allein ist. Oder: Wenn jener Junge nur den Brief dieses Mädchens lesen könnte – und umgekehrt –, um zu lernen, wie die gleiche Situation aus der Perspektive des andern Geschlechts aussieht.

So reifte der Plan heran, einige dieser Korrespondenzen auszuwählen und zu veröffentlichen. Natürlich mußte ich dazu die Erlaubnis meiner Korrespondenten einholen, die sie mir aber alle – unter der Bedingung der Namensänderung – bereitwillig gaben. Einige von ihnen konnte ich sogar besuchen und persönlich kennenlernen. Sie waren alle begeistert von dem Gedanken, daß sie durch ihre Erlaubnis zur Veröffentlichung vielen andern helfen könnten.

Die Auswahl erfolgte vor allem unter dem Gesichtspunkt, ob ein Problem zur Sprache kam, das von den sechzehnjährigen Briefschreibern besonders häufig angesprochen wurde. Aber auch die Klarheit der Darstellung, das persönliche Engagement und die damit verbundene Ausdruckskraft spielten eine Rolle. Eine Studienrätin bestätigte mir übrigens, daß dieses Alter eine besonders ausgeprägte sprachliche Ausdruckskraft besitzt, die später vielfach wieder verlorengeht.

Es sind alles echte Briefe. Ich habe sie absichtlich unverändert gelassen und lieber einmal eine Unstimmigkeit oder holprige Formulierung in Kauf genommen, als etwas zu verbessern. Eltern und Lehrer können daran – vielleicht manchmal mit Erstaunen – sehen: So empfinden heute Sechzehnjährige ihre Probleme, und so drücken sie sie aus.

Nachdem alle Korrespondenten ihr Einverständnis zur Veröffentlichung gegeben hatten, las ich das Manuskript des Buches vor der Drucklegung im Familienkreis vor. Dabei sagte meine Frau: »Von Brief zu Brief wächst meine Achtung vor diesen Jungen und Mädchen. Ihre Briefe sind von einer Tiefe, die ich Sechzehnjährigen nie zugetraut hätte.«

Darauf antworteten meine Kinder – damals zwischen vierzehn und einundzwanzig –: »Wir haben oft das Gefühl, daß ihr als Eltern uns unterschätzt. Auch in der Schule wird uns immer zu wenig zugetraut, und wir werden meist als unverständige Kinder behandelt.«

Bei meinen Antworten ließen sich Wiederholungen sachgemäß nicht vermeiden. So mußte ich immer wieder auf Möglichkeit und Hilfe einer Freundschaft zwischen Junge und Junge – und Mädchen und Mädchen hinweisen und raten, diese wichtige Phase nicht zu überspringen. In vielen Briefen galt es, darauf zu bestehen, daß eine Entscheidung für die Ehe erst in einem reiferen Alter gefällt werden kann – und seien die Liebesgefühle noch so stark und tief! Mit dieser Tatsache ist jedoch die Herausforderung verbunden, die durch fast alle Briefwechsel durchklingt, nämlich Spannungen und Schmerz auszuhalten und gerade daran zu wachsen.

Spannung und Schmerz entstehen in diesem Lebensalter durch ein Dazwischenhängen in mehr als einer Hinsicht: Die Sechzehnjährigen sind keine Kinder mehr und doch noch keine Erwachsenen. Sie streben nach Loslösung von der Familie und können doch noch nicht auf eigenen Beinen stehen. Den Eltern vertrauen sie sich nicht mehr an – und wissen doch irgendwo, daß die eigene Familie ein Ort sein könnte, wo ihre tiefste Sehnsucht, die Sehnsucht nach Geborgenheit, sich stillen ließe. Weil dieser bergende Raum so oft versagt, ist die Not so groß.

Eltern, die dieses Buch lesen, mögen darüber erschrecken, wie wenig sie darin vorkommen – und wenn, dann fast nur in einer negativen Rolle. Sie mögen aber auch daraus schließen, welche Hilfe für ihr Kind in einer kleinen, zärtlichen Geste liegen könnte, in einem liebenden, lobenden Wort, in ausgesprochener Anerkennung, in körperlicher Nähe, im Zeithaben, möglichst allein mit jedem Kind – und im Zuhören, im einfachen, schlichten Zuhören.

Auffallend ist auch, wie viele dieser Jungen und Mädchen bezeugen, was ein lebendiger Glaube vermag und welche Stütze die Gemeinschaft glaubender Menschen ist, um diese schwere Zeit zu bestehen.

Es gilt in diesem Alter, eine hohe Kunst zu erlernen, die sich später im Leben einmal bewähren wird, ganz gleich, ob jemand heiratet oder nicht, eine Lebenskunst, die Dietrich Bonhoeffer in die Worte gefaßt hat: »Es gibt erfülltes Leben trotz vieler unerfüllter Wünsche.«*

Walter Trobisch

*) Bonhoeffer-Brevier, Chr. Kaiser Verlag, München, Seite 339

1 Wir haben uns unheimlich lieb

> »Da wir uns unheimlich liebhaben, wollten wir zusammen schlafen. . . doch es ging nicht. . . Ich hatte überhaupt nichts davon.«

Doris P., 16, Schülerin

Lieber Herr Trobisch!
Soeben habe ich ihr Buch »Liebe ist ein Gefühl, das man lernen muß« gelesen. Es hat mir sehr gut gefallen, und Ihre Argumente leuchteten mir ein. Nur eines gefiel mir nicht so gut: daß so viel von Jesus, Gott und der Bibel drinsteht.

Nun erst mal zu uns: Mein Freund wird im Juni achtzehn, ich wurde gerade sechzehn. Wir sind seit viereinhalb Monaten zusammen. Beide sind wir davon überzeugt, uns noch nie so gut mit einem Freund oder einer Freundin verstanden zu haben oder uns jemals mit einer oder einem besser zu verstehen.

Das Gefühl, das wir füreinander haben, halten wir für Liebe. Außerdem teilen wir nicht Ihre Meinung, daß Geschlechtsverkehr vor der Ehe nicht gut ist. Im Gegenteil: Man muß doch schon vor der Ehe wissen, ob man zusammenpaßt, auch im sexuellen Bereich.

Allerdings war ich immer der Meinung, daß man schon sehr lange zusammen sein muß, bevor man miteinander schläft. Bloß eine Zeitlang war ich anderer Ansicht, aber das ist jetzt wieder vorbei.

Da wir uns unheimlich liebhaben, wollten wir zusammen schlafen. Wir halten die Pille für das beste Verhütungsmittel, deswegen ließ ich sie mir dann auch verschreiben.

Endlich war es dann soweit. Wir hatten Zeit, Lust und waren für Stunden ungestört. Doch vor Aufregung bekam mein Freund kein steifes Glied. Er war ganz niedergeschlagen, und nur mit viel Mühe gelang es mir, ihn wieder aufzuheitern.

Eine Woche später war es dann wieder soweit. Doch es ging wieder nicht. Diesmal nahm er es nicht ganz so schwer. Wir tobten rum, und plötzlich ging es, aber es tat so unheimlich weh, daß ich ihn bat aufzuhören, was er auch sofort tat. Wir streichelten uns danach, und kurz vor dem Höhepunkt bat ich, es noch mal zu versuchen (weil dann die Scheide doch besonders aufnahmebereit und geschmeidig, sprich feucht ist). Er wollte es natürlich auch, und so starteten wir noch einen Versuch. Zuerst tat es natürlich am meisten weh, doch während der ganzen Zeit, die mein Freund in mir war, tat es auch noch sehr weh. Sogar hinterher noch ein bißchen. Ist das normal? Ich hatte überhaupt nichts davon! Wie kommt das?

Wenn Sie mir das bitte beantworten würden, wäre ich Ihnen sehr dankbar.

Im voraus schon mal vielen Dank

Ihre Doris

Liebe Doris!

Es ist gut, daß Du geschrieben hast, wohl aus einer gewissen Unruhe heraus, daß da irgendwo etwas nicht stimmt zwischen Dir und Deinem Freund.

Durch Deinen Brief geht ein gewisser Widerspruch. Einerseits sagst Du, daß Dir meine Argumente einleuchten, andererseits handelst Du ihnen entgegen. Sollten nicht gerade die negativen Erfahrungen, die Du am eigenen Leibe gemacht hast, Dir ein Hinweis sein, daß die Gründe, aus denen ich vor einer sexuellen Vereinigung vor der Ehe abrate, doch bedenkenswert sind?

Ihr zäumt nämlich das Pferd vom Schwanz auf. Das sexuelle Kennenlernen kann eigentlich erst dann gelingen, wenn man sich innerlich schon kennengelernt hat und ganz tief einander vertraut. Die Vereinigung soll dann ein Ausdruck dieses Vertrauens sein, das getragen ist von der Entscheidung, ein Leben lang füreinander da zu sein. Deshalb kann man das »Zusammenpassen im sexuellen

Bereich« im Grunde vor der Ehe nicht ausprobieren – genauso wenig wie Du ausprobieren kannst, wie es ist, wenn man stirbt, indem Du einmal besonders tief zu schlafen versuchst.

Aber dieses Ausprobieren ist nicht nur nicht möglich, es ist auch gar nicht nötig. Denn es handelt sich ja bei den sexuellen Organen nicht um Knochen, sondern um Weichteile, die sich dann im Lauf der Ehe einander anpassen.

Was vor der Ehe ausprobiert werden muß, ist, ob man innerlich zusammenpaßt und miteinander harmoniert. Dieses innere Sich-kennenlernen braucht sehr lange Zeit, auf jeden Fall länger als viereinhalb Monate. Durch ein zu frühes Einbeziehen des körperlichen Bereichs wird dieses Kennenlernen sehr erschwert, wenn nicht gar unmöglich gemacht.

Sicher ist das, war Ihr füreinander empfindet, ein Stückchen Liebe. Ob es aber eine Liebe ist, die für ein Leben hält, könnt Ihr nach so kurzer Zeit nicht wissen. Ich fürchte sogar, Ihr könnt es in Eurem Alter überhaupt noch nicht wissen. Hinzu kommt, daß Ihr Euch in den nächsten Jahren beide noch entscheidend verändern werdet.

Ganz dringend möchte ich Dich warnen vor dem weiteren Einnehmen der Pille. In Deinem Alter ist sie ganz bestimmt schädlich.

Die Pille enthält hormonähnliche Substanzen, die den Eisprung verhindern. Dadurch wird künstlich der Zustand einer Schwangerschaft nachgeahmt. Das heißt, daß Dein gesamter körperlicher Entwicklungsprozeß gestört wird, ja Du kannst u.U. sogar dauernd unfruchtbar werden. Nach längerer Einnahme der Pille bleiben mitunter die Regelblutungen ganz aus, und dann wird eine komplizierte Behandlung notwendig. – In Amerika stellen immer mehr Firmen die Pillenproduktion ein, da sie die Prozesse mit den Geschädigten mehr kosten, als sie am Verkauf verdienen. Leider haben sich die Gefahren der Pille in Europa noch nicht herumgesprochen oder werden aus Geschäftsgründen absichtlich verschwiegen. Du fragst, ob Eure negativen Erfahrungen und vor allem Deine körperlichen Schmerzen »normal« seien.

Natürlich sind sie nicht »normal«, denn das Zusammenkommen

soll ja eine Freude sein. Und doch sind sie in Eurem Alter und in Eurer Situation bis zu einem gewissen Grade »normal«, denn sehr viele machen ähnliche Erfahrungen. Vor allem viele Mädchen können Deinen Satz bestätigen: »Ich hatte überhaupt nichts davon.«

Deine Schmerzen könnten natürlich einfach damit zusammenhängen, daß Deine Scheide noch zu klein und Du auch rein körperlich eben noch nicht erwachsen bist. Ich vermute aber eher, daß ein psychischer Grund vorliegt, nämlich Angst – und ganz unbewußt vielleicht sogar ein schlechtes Gewissen, obwohl Du das nicht wahrhaben willst. Das würde auch die Erektionsunfähigkeit Deines Freundes erklären.

Vielleicht hattet Ihr doch Angst, die Pille könnte nicht wirken, zumal es ja wirklich kein hundertprozentig sicheres Verhütungsmittel gibt? Oder hattet Ihr Angst vor der Entdeckung? Merkwürdigerweise kommen Eure Eltern in Deinem Brief gar nicht vor. Was sagen die denn dazu?

Aber ich könnte mir auch denken, daß Ihr beide einfach Angst vor dem Mißlingen hattet. Denn gerade wenn Ihr das »Zusammenpassen im sexuellen Bereich« ausprobieren wolltet, dann hängt ja sehr viel von dem Gelingen ab. Wenn Ihr konsequent wäret, müßtet Ihr jetzt den Schluß ziehen: »Wir passen nicht zusammen« – und auseinandergehen. Daran, daß Ihr gar nicht daran denkt, das zu tun, kannst Du erkennen, wie unehrlich es ist, mit diesem Argument voreheliche Beziehungen zu rechtfertigen.

Vielleicht kannst Du jetzt auch verstehen, warum in meinem Buch, das Du gelesen hast, soviel von Gott die Rede ist. Gott will nämlich, daß diese Erlebnisse für uns schön sind und wir gern an sie denken. Deshalb ist es Gottes Wille, daß er diese innerste Gemeinschaft der Ehe vorbehalten hat. Begreifst Du, daß er uns damit nichts wegnehmen will, sondern etwas schenken?

Ich hoffe es und grüße Dich herzlich

Dein W. T.

Zwischenwort

Doris begriff es nicht. Sie antwortete zunächst überhaupt nicht. Als ich sie dann von mir aus nach etwa einem halben Jahr wieder anschrieb, freute sie sich aber: »Ehrlich gesagt, dachte ich, Sie hätten mehr automatisch geantwortet.«

Es war ihr offensichtlich neu, daß sich jemand um sie Sorgen machte. Denn meine Frage nach den Eltern beantwortete sie so: »Mit meinen Eltern habe ich ein sehr schlechtes Verhältnis. Wir schreien uns nur an. Daher sind Sie auch der einzige – und sind es immer noch –, der etwas in dieser Richtung von Gerhard und mir weiß. Das mit der Pille erzählte ich jedoch meinen Eltern. Sie fanden es nicht gut, sagten aber, daß ich das selber wissen müsse.«

Sie ließen also ihre sechzehnjährige Tochter bei dieser weittragenden Entscheidung mutterseelenallein. Und nun schildert sie das ganze Dilemma:

»Erst ging es überhaupt nicht. Ich war wie zu. Dann ging es und ich nahm die Pille, insgesamt sieben Monate lang.

Daß die Pille für mich nicht gut ist, habe ich indessen selbst festgestellt. Ich habe neun Kilogramm zugenommen und bekam breite Hüften und eine massige Brust, was gar nicht zu mir paßt.

Wir überlegten uns, welche Verhütungsmittel wir dann wohl nehmen könnten. Wir entschieden uns für Präservative. Das ist auf die Dauer jedoch nicht schön, weil das so schmierig ist.

So kam ich auf die Idee, mir ein Pessar anpassen zu lassen. Meine Ärztin meinte jedoch, weil die Unfallquote so hoch liegt, was ich denn zu einer Spirale meine.

Sie schickte mich zu einem Frauenarzt, der bei der nächsten Regel meine Gebärmutter messen wolle und, wenn es ginge, mir eine Spirale einsetzen. Das Ganze kostet allerdings DM 150.–. Ich bin eine arme Schülerin, Gerhard Lehrling.

Meine Schwester bekam vor einiger Zeit eine Spirale eingesetzt, hat aber große Schmerzen deswegen. Ich bin noch nicht sicher, ob ich das machen lassen soll. Und wenn es dann nichts ist, ist das Geld weg, und wir haben immer noch nichts.«

Soweit der Brief von Doris. Ich fürchte, sie wird nie etwas haben, wenn sie diesen Weg weitergeht. Sie ahnt nicht, wie armselig sie ist – gemeinsam mit ihrem Freund.

Doris fragt, was sie nun tun soll, und erwägt alles mögliche. Nur auf das Einfachste scheint sie nicht zu kommen, nämlich den Geschlechtsverkehr aufzugeben. Dann nämlich könnte sie etwas »haben«.

Dann könnte ihre Persönlichkeit wachsen. Dann würde ihr Spannungsbogen erweitert. Wenn sie lernte, Verzicht auszuhalten, würden Energien frei, die sie fähig machen zu einer Liebe, die dauert.

Jetzt begegnen sich die beiden auf rein genitaler Ebene und lernen nichts. Selbst wenn sie einander heiraten würden, was sehr unwahrscheinlich ist, würde es eine leere, fade Ehe werden. Ist dann einmal die sexuelle Anziehung etwas abgeklungen, bleibt nichts mehr übrig. Sie befinden sich in einer Sackgasse.

Ich bin noch mit Doris in Verbindung. Ich werde sie nicht aufgeben. Ich werde versuchen, sie zurückzuholen aus der Sackgasse. Aber es wird schwer sein, denn ich habe weder ihre Eltern noch ihre Ärzte auf meiner Seite.

Das Wort »Unfallquote« aus dem Munde einer Ärztin, einem jungen Mädchen gegenüber, das einmal Mutter werden soll, hat mich am meisten erschüttert. Werdendes Leben als Unfall! Wo sind wir hingekommen?

Ein Satz von Doris gibt die Antwort: »Ich glaube nur an Gott, wenn ich ihn brauche.« Sie glaubt also nicht an Gott. Daher hat sie auch keine Antenne dafür, daß der Schöpfer, der sie schuf, sie auf die Ehe hin angelegt hat, und daß die Sexualität, die er ihr gab, nur von daher ihren Sinn erhält.

Wenn sie so weiterlebt, wird sie einen hohen Preis bezahlen. Es ist teuer, gegen die Gesetze des Schöpfers zu leben. Es kostet nicht nur DM 150.– ...

Wie anders verhält sich Reinhard im Vergleich zu Doris' Freund, der die letzte körperliche Nähe erzwingen wollte und dabei mehr verlor als gewann. Wie unendlich viel behutsamer geht er auf die Mädchen zu! Geben wir nun Reinhard, einem sechzehnjährigen Jungen, das Wort.

2   Eine Freundin muß man küssen

»Damals dachte ich, daß man eine Freundin unbedingt küssen müßte.« – »Ich träumte, daß ich ein berühmter Pop-Sänger sei«. – »Schreiben Sie mir, was ich tun kann, um nicht wieder in die Träumerei zurückzufallen«.

Reinhard H., Schüler, 16

Lieber Herr Trobisch!

Vor einem Jahr habe ich Ihr Buch »Liebe ist ein Gefühl, das man lernen muß« gekauft und gelesen. Ich bin nicht überall in diesem Buch mit Ihnen einverstanden. Trotzdem hoffe ich, Ihr Vertrauen zu haben und daß Sie mir helfen können. Hier ist meine Geschichte und mein Problem:

Ich bin vor einigen Wochen 16 Jahre alt geworden. Von Beruf bin ich Schüler eines Gymnasiums. Im April, Mai dieses Jahres hatte ich meine erste Freundin. Sie war zwei Monate älter, aber kleiner als ich. Ihr Name ist Christine. Sie ging auf dieselbe Schule wie ich. So sahen wir uns oft, und schließlich verliebte ich mich in sie und sie sich in mich.

Damals dachte ich, daß man eine Freundin unbedingt küssen müßte. Deshalb war ich auch sehr froh, als ich Christine nach etwa 3 Wochen küßte. In den folgenden 2 Wochen küßte ich sie drei-, vier- oder fünfmal, weil ich in der Zeit noch ziemlich viel Hemmungen hatte.

Dann sagte sie mir eines Tages, daß sie nicht mehr wolle. Wir waren fünf Wochen gegangen. Ich war sehr traurig und fing an zu träumen. In den Träumen stellte ich mir vor, daß ich ein berühmter Pop-Sänger sei und daß ich dadurch, daß ich berühmt und bei Mädchen beliebt war, wieder mit Christine zusammenkäme.

Danach ging ich mit Anne. Sie war zwei Jahre jünger als Christine, aber sah weiblicher aus, was mich damals noch reizte. Wir küßten uns ziemlich oft, trafen uns im Wald und streichelten uns.

Nach fünf Wochen aber wollte ich nicht mehr, da ich fand, daß es bei uns zu schnell gegangen war, und weil ich bei ihren Küssen nichts mehr verspürte.

Danach kamen einige Absagen. Im Oktober ging ich zum zweiten Mal zum Tanzkursus und traf dort ein nettes Mädchen. Ich tanzte jede Tanzstunde mit ihr, und als wir uns an einem Sonntag trafen, gingen wir Arm in Arm. Bei der nächsten Tanzstunde sagte sie mir jedoch, daß sie lediglich mit mir tanzen wolle, aber keine Freundschaft anfangen.

Ich fing wieder an zu träumen.

In der Schule sah ich nur noch Christine, meine erste Freundin, die ich immer noch liebhabe, und träumte dabei, daß wir wieder zusammen seien.

Am 9. Nov. traf ich mich mit ihr und fragte, ob sie mit mir gehen wolle. Sie sagte nein, weil sie einen Freund habe, der zur Zeit im Krankenhaus sei.

Am 13. Nov. kam sie morgens in der Schule zu mir und fragte, ob ich nicht mit ihr gehen wolle. Wenig später gingen wir dann Arm in Arm. Wir haben uns zwar nicht geküßt, aber darum geht es mir nicht mehr. Ich bin nämlich inzwischen der Meinung, daß man eine Freundin nicht nur zum Küssen hat, sondern auch, um mit ihr Probleme zu besprechen und um füreinander da zu sein. Ich bin schon glücklich, wenn ich mit ihr zusammen bin.

Als ich heute bei ihr war, erzählte sie mir, daß viel passiert sei. Ihr Freund habe angerufen und gesagt, daß sie eine Tracht Prügel bekommen würde, wenn er aus dem Krankenhaus käme. Deshalb sagte Christine, daß sie nicht mehr mit mir gehen könne. Weil ich Christine liebe, glaube ich ihr die Geschichte, auch wenn sie nicht sehr wahr klingt.

Bitte, schreiben Sie mir, was ich tun kann, um nicht wieder in die Träumerei zurückzufallen. Bitte, schreiben Sie mir auch, was ich der Christine sagen kann, damit sie andern Jungs nicht genauso weh tut wie mir.

Bitte, schreiben Sie mir so bald wie möglich. Da ich meinen Eltern davon nichts erzählen kann, schicken Sie mir, bitte, Ihre Antwort im verschlossenen Umschlag.

Viele Grüße

Reinhard

Lieber Reinhard!

Die wichtigste Erkenntnis, zu der Du gekommen bist, ist wohl die, daß Mädchen nicht einfach zum Küssen da sind, sondern man mit ihnen auch sehr ernsthafte Dinge besprechen kann. In der ersten Periode Deiner Bekanntschaft hast Du Christine mehr oder weniger als ein Spielzeug betrachtet, wie wohl auch Anne.

Du hast auch gesehen, wie das Küssen abstumpfen kann, so daß man schließlich gar nichts mehr dabei empfindet. Deshalb ist es klug, wenn man mit dem Kuß sehr, sehr sparsam umgeht. Sonst verliert er jeden Wert, ähnlich wie Geld entwertet wird, wenn zuviel da ist. Meistens möchte ein Mädchen auch viel lieber küssenswert erscheinen als tatsächlich geküßt werden.

Dann, als Du zum zweiten Mal auf Christine zugingst und als Du sie nicht mehr geküßt hast, hast Du in ihr nicht mehr ein Spielzeug gesehen, sondern einen Menschen. Mit dieser Erkenntnis hast Du einen großen Schritt in Richtung Reifwerden gemacht.

Aber Du bist noch unterwegs zu diesem Ziel. Deshalb muß ich Dir etwas Ernüchterndes sagen. Die Liebesgefühle, die Du in Deinem Alter hast, sind noch nicht wirkliche Liebe, so schön sie auch sein mögen. Sie sind nur ein Verliebtsein, bei dem Du im Grunde Dein eigenes Bild in das Mädchen hineinträumst. Dem Mädchen geht es mit Dir ganz genauso. Solange der andere dem erträumten Bild entspricht, hält der Zauber an. Über kurz oder lang aber muß er zerbrechen, und dann kommt unweigerlich die Enttäuschung.

Bei Christine ist er offensichtlich eher zerbrochen als bei Dir. Das hängt sicher auch damit zusammen, daß in Deinem Alter das gleichaltrige Mädchen dem Jungen reifemäßig voraus ist. Darum wendet sich Christine eher einem ein oder zwei Jahre älteren Jungen zu.

Es gibt keinen Weg, den Schmerz zu vermeiden. Der Liebeskummer ist nötig, und Du mußt lernen, damit fertig zu werden. Du kannst weder Christine davor bewahren noch Dich selber, noch die anderen Jungen. Ihr müßt das Kommen und Gehen dieser Bekanntschaften und Freundschaften mit allem Schmerz und allem Glück durchstehen.

Auch das Tagträumen gehört bis zu einem gewissen Grad zu diesem Glück und Schmerz dazu. Du brauchst es nicht zu bekämpfen. Je reifer Du wirst und je mehr Du Dich dann selbst findest als der, der Du wirklich bist, um so weniger wirst Du in Träumereien fliehen müssen.

Der erste Schritt zu dieser Reife ist, daß Du von Dir weg denkst und Dich in den anderen hineindenkst, hineinfühlst. Wenn Du Dich mehr für seine Sorgen interessierst als für die eigenen, dann wacht in Dir ein echtes Liebesgefühl auf.

Weißt Du, wer mir am meisten imponiert hat in Deinem Brief? Jenes »nette Mädchen« aus der Tanzstunde, das Dir klipp und klar erklärt hat, sie wolle lediglich mit Dir tanzen. Sie war gesund. Sie wußte genau, was ihrem Alter gemäß ist und was nicht. Sie hielt ihre Grenzen ein und lebte lebensaltersgemäß.

Auch das hat Dir weh getan. Aber weh tun muß es eben mitunter. Sonst könnt Ihr nicht wachsen.

Mit herzlichen Grüßen Dein W. T.

Zwischenwort

Ich sagte schon: Reinhard geht behutsamer auf die Mädchen zu als Doris' Freund. Dabei bewahrt er sich ein feines Gespür für das Echte und merkt sofort, wenn eine Geste nichtssagend wird. Die Erkenntnis, daß Worte viel näherbringen können als zu frühe und zu häufige Berührungen, wird ihm später einmal helfen, eine dauerhafte Beziehung sinnvoll aufzubauen.

Bei Doris kamen die Eltern überhaupt nicht vor. Bei Reinhard nur in dem Zusammenhang, daß er mit ihnen nicht reden könne. Das ist an sich normal, daß Kinder in diesem Alter mit den eigenen Eltern über solche Erlebnisse nicht sprechen. Dennoch braucht Reinhard, wie der Brief zeigt, jemand außerhalb der Familie, mit dem er sich aussprechen kann.

Traurig gemacht hat mich nur die ausdrückliche Bitte um den verschlossenen Umschlag. Wahren seine Eltern das Briefgeheimnis nicht? Das sollte für Eltern eines sechzehnjährigen Sohnes keine Frage sein!

Als ich das Manuskript dieses Buches meinen eigenen Kindern – damals zwischen 14 und 21 – vorlas, meinten sie, meine Antwort sei zu autoritär. Vor allem deshalb wollten sie wissen, wie und ob Reinhard geantwortet hat.

Es dauerte fast ein Jahr, bis eine Antwort kam:

»Ihren Brief habe ich in der Zwischenzeit oft gelesen. Ich traute mich jedoch nie, Ihnen zu schreiben, weil ich ja keinen Grund hatte. Ich bin nämlich seitdem glücklich und vergaß, daß dieser Grund ja noch wichtiger ist.

Mit der Zeit wurde mir das Problem immer leichter, und seit Februar hatte ich keine Sehnsucht mehr nach diesem Mädchen, auch wenn ich sie noch gern mochte. In dieser Zeit habe ich, glaub' ich, viel über Freundschaft gelernt. . . —«

Der nächste Briefwechsel mit Elke K. soll das zaghaft bange Zugehen auf das andere Geschlecht von seiten des Mädchens schildern.

3 Wie komme ich zu einem richtigen Freund?

»Nach außen hin geb' ich mich so, als wenn ich auch ohne Freund glücklich wäre. . . « – »Geben Sie mir einen Rat, daß ich endlich zu einem richtigen Freund komme.«

Elke K., 16, Schülerin

Lieber Herr Trobisch!

Zur Zeit lese ich Ihr Buch »Liebe ist ein Gefühl, das man lernen muß«. Ich finde es so gut und aufschlußreich. Trotzdem hat es mir persönlich nicht viel geholfen. Bitte, lassen Sie sich mein Problem erklären.

Ich werde in zwei Monaten 17, hatte bis jetzt aber noch keinen Freund. Nach außen hin geb' ich mich so, als wenn ich auch ohne Freund glücklich wäre. Im Grunde bin ich es auch, aber ich merke doch, wie gern ich einen hätte.

Das äußert sich bei mir so, daß ich mich öfter bei Evangelisationen und Partys vom Jugendkreis aus verliebe. Aber fragen Sie nicht wie! Ich kann dann nächtelang nicht schlafen, muß immer an ihn denken und träume dann von einer gemeinsamen Zukunft mit ihm. Und der Ärmste weiß ja nie etwas davon, weil ich mir meine Gefühle ihm gegenüber auf jeden Fall nicht anmerken lasse.

Wenn ich dann nach ein paar Tagen wieder einigermaßen realistisch denke, also diesen Traum ausgeträumt habe, ändern sich meine Gefühle ihm gegenüber. Ich hasse ihn dann beinahe. Ich glaube, das kommt daher, daß dieser Junge im Traum alles mitmacht, dann in Wirklichkeit mich aber überhaupt nicht beachtet. Wie sollte er auch. Er kennt mich ja meistens nur vom Sehen her!

Ich bin nach so etwas dann immer irgendwie enttäuscht.

Wie gesagt, das Ebengenannte ist mir schon mit vielen Jungen passiert. Bitte, geben Sie mir möglichst bald einen Rat, daß es nicht mehr passiert, und daß ich endlich zu einem richtigen Freund komme.

Vielen Dank schon im voraus!

Ihre Elke

Liebe Elke!

Du hast es meisterhaft in Worte gefaßt, was die Last Deines Alters ist: dieses merkwürdige Dazwischenhängen zwischen Traum und Wirklichkeit, dieses Glücklich-Unglücklichsein zu gleicher Zeit. Du wirst wohl lernen müssen, mit diesem Schweren zu leben. Es gehört zu Deinem Lebensalter dazu. Ich würde Dich um einen Reichtum bringen, wenn ich sie Dir wegnehmen wollte, diese kostbaren, schlaflosen Nächte, in denen Deine Seele wächst.

In Dir bricht jetzt etwas auf, was Du vorher noch nicht kanntest: Deine Sehnsucht nach dem andern Geschlecht. Diese Sehnsucht ist gut, sie ist gesund. Sie setzt Dich in Bewegung auf ein großes Ziel, auf »gemeinsame Zukunft«, wie Du es nennst, auf Ganzheit und Erfüllung.

Gleichzeitig aber ist Deine Seele – ich könnte auch sagen: Deine »Persönlichkeit« – noch nicht stark genug, die Sehnsucht zu erfüllen, noch nicht fähig, eine wirkliche Beziehung zu einem Jungen herzustellen. Darin liegt das Schwere. Deine Seele ist noch unterwegs. Ja, sie tut gerade erst die ersten zaghaften Schritte. Sie lernt erst laufen.

Es gibt keinen anderen Weg, als diesen Konflikt einfach auszuhalten. Böte ich Dir ein Patentrezept als Lösung an, würde ich Deine Seele am Wachsen hindern. Es gilt, den Schmerz jetzt schmerzen zu lassen, das Ungedecktsein von Traum und Wirklichkeit zu durchleiden. Gerade dadurch wächst Du. Wachsen ist immer irgendwie mit Schmerz verbunden.

Es ist gut, daß Du träumst. Es ist geradezu gesund und lebenswichtig. Im Traum arbeitet Deine Seele und versucht, Sehnsucht und Erfahrung zusammenzubringen. Aber es ist auch gut, daß Du

Deine Träumereien für Dich behältst. »Halt's Fläschle zu, sonst verriecht's« – sagt ein schwäbisches Sprichwort.

Diejenigen, die ihre Träume zu früh und zu billig in Worte oder gar in Handlungen umsetzen, scheitern. Sie zerstören das feine Gewebe dieses unglücklichen Glücks. Stell Dir doch die Jungen Deines Alters vor! Könnten Sie verstehen, wenn Du ihnen zu sagen versuchtest, was Du wirklich empfindest? Sie wären überfordert und höchstens versucht, Deine kostbare Sehnsucht zu mißbrauchen.

Darum bist Du klug, wenn Du über Deine Träume schweigst und sie Träume sein läßt, ohne die Wand, die sie von der Wirklichkeit trennt, gewaltsam zu durchbrechen.

Einen richtigen Freund wünschst Du Dir? Ja, das darfst Du! – Aber was wäre denn ein »richtiger Freund«? Einer, der zu Dir hält durch dick und dünn, auf den Du Dich verlassen kannst, der Dich beschützt, der Dir vertraut und dem Du alles anvertrauen kannst, für den Du die Einzige bist, der Dir treu ist und bleibt – ein Leben lang. . . nicht wahr?

Du siehst daraus schon, daß das jetzt noch nicht sein kann. Kein Junge, auch wenn er ein oder zwei Jahre älter als Du ist, kann Dir das jetzt geben. Es wäre ungerecht, wenn Du es von einem verlangtest.

Darum muß die Sehnsucht – diese gute, liebe Sehnsucht – zunächst noch Sehnsucht bleiben: Du mußt lernen, mit unerfüllten Wünschen zu leben. Das ist die schwere Kunst Deines Lebensalters. Wenn Du sie jetzt erlernst, wirst Du etwas gewonnen haben für Dein ganzes Leben.

Das, was Du suchst, könnte Dir in Deinem Alter eher eine gute Freundin geben, mit der Du über Deine innersten Gefühle sprechen kannst, auch über Deine Haßgefühle.

Du hast ganz richtig beobachtet, daß Haßgefühle und Liebesgefühle nahe beieinanderliegen. Haß ist nicht das Gegenteil von Liebe. Das Gegenteil wäre Gleichgültigkeit.

Den Haß empfindest Du gegen den Jungen, weil er Dir Schmerz verursacht und Enttäuschung, gerade weil er Dir nicht gleichgültig ist. Aber es ist der Wachstumsschmerz, Elke, also etwas Gutes und Heilsames. Und auch Ent-Täuschung ist etwas Positives. Sie nimmt die Täuschung weg, daß der Traum Wirklichkeit sei, und daß Du jetzt etwas erleben könntest, was Du noch nicht erleben kannst.

Darum gehört auch die Haßerfahrung mit dazu, zu dem Reifungsprozeß, in dem Du jetzt stehst – und auch die Enttäuschung, die ich Dir vielleicht durch diese Antwort bereitet habe.

Lieber Herr Trobisch!

Ich möchte Ihnen recht herzlich für Ihren Brief danken. Ich war darüber sehr froh, denn ich hatte schon gedacht, daß meine Gedanken irgendwie schlecht, ja sogar unnormal seien. Ich glaube, daß das an den Zeitschriften (z. B. Bravo) und an den Filmen liegt, die wir heute lesen und sehen. Da wird einem etwas von wahrer Liebe vorgegaukelt, wie schön und einfach sie sei – und in Wirklichkeit sieht es ganz anders aus.

Ich hab' mit meinem Bruder auch schon sehr oft über dieses Thema gesprochen. Er ist für mich der »jemand«, bei dem ich mich aussprechen kann. Er hat mir auch geraten, Ihnen zu schreiben.

Nun habe ich eine Dummheit gemacht: Ich habe an einen Jungen, der mir schon über ein Jahr lang nicht mehr aus dem Kopf ging, einen »anonymen« Brief geschrieben. Anonym ist insofern falsch, weil ich ihm in dem Brief einen Anhaltspunkt gab, aus dem er mit Sicherheit ersehen konnte, wer die Schreiberin war. Ich hatte ein bißchen von mir erzählt und ihn dann gebeten, sich meine Adresse zu besorgen und zurückzuschreiben. Außerdem schrieb ich, daß ich erwarte, daß das Ganze unter uns bleibt.

Nun ja, heute weiß ich, daß es ein großer Fehler war, den Brief zu schreiben, denn erstens antwortete er nicht und zweitens hat er sich bei seinen Freunden über den Brief lustig gemacht. Ich weiß das, weil einer von diesen Freunden meinen Bruder daraufhin angesprochen hat. . .

Viele herzliche Grüße   Ihre Elke

Zwischenwort

Elke ist an ihrer Halbheit gescheitert. Sie überspringt die Stufe der gleichgeschlechtlichen Freundschaft, zu der sie sicher leicht fähig wäre, und will gewaltsam eine Beziehung zum anderen Geschlecht herstellen, für die sie innerlich noch nicht stark genug ist. Sie wagt zwar einen Brief, aber selbst darin versteckt sie sich halb. – Der Junge ahnt natürlich nicht, was hinter diesem Verhalten steht, und findet es höchstens komisch.

Im Unterschied dazu zeigt der nächste Briefwechsel ein bewußtes, direktes Aufeinanderzugehen. Der Junge hat diesmal das Wort.

4 Die nächste Freundin wird meine Frau

> »Ich hatte zu Freunden gesagt, daß die nächste Freundin meine Frau würde.« – »Wir waren uns einig, daß wir heiraten werden, ohne vorher Geschlechtsverkehr zu haben.« – »Ich stehe jetzt vor dem Nichts.«
>
> Axel S., 17, Schüler

Sehr geehrter Herr Trobisch!

Ich bin gerade siebzehn geworden. Seit einem halben Jahr versuche ich, Christ zu sein, und habe gemerkt, daß durch Jesus viele Dinge in meinem Leben anders geworden sind. Doch nun bin ich an einem Punkt, an dem ich nicht mehr weiter weiß.

Am Silvesterabend bemerkte ich, daß ich für ein Mädchen, sie heißt Katrin, etwas empfand. Ich nahm das nicht weiter ernst. Doch das Gefühl der Liebe steigerte sich und ließ mich nicht mehr los.

Ich betete zum Herrn, er solle das doch in seine Hand nehmen und mein Wunsch sei es, daß auch Katrin etwas für mich empfindet. Ich versuchte, so oft wie möglich mit ihr zusammen zu sein, aber jeder Versuch, ihr durch eigene Kraft näherzukommen, mißlang.

Es war vielleicht dumm von mir, aber ich hatte zu verschiedenen Freunden gesagt, daß die nächste Freundin, die ich habe, meine Frau würde. Ich war mir dieses Satzes bewußt und war mir gleichzeitig gewahr, daß Katrin dieses Mädchen sein könnte.

Eines Tages berichtete mir mein Freund, daß Katrin ihm gesagt hatte, daß sie ebenfalls für mich sehr viel empfindet. Noch am selben Abend kam es zu einer Aussprache mit ihr.

Vier Monate hatte ich um diesen Augenblick gebetet, und jetzt war er da. Ich sagte ihr, was ich für sie empfand, und sie sagte, daß es seit Silvester auch bei ihr »gefunkt« hätte. Aber sie ist auch eine Christin und bat den Herrn um Klarheit. Und jetzt hatte ich die Ehefrau, von Gott mir zugedacht, gefunden, dachte ich!

Da wir beide erst siebzehn sind, also noch sehr jung, waren plötzlich »zwei Jahre« da. In diesen beiden Jahren wollten wir unsere Freundschaft nicht weiter ausbauen. Wir waren uns einig darüber, daß wir heiraten werden. Weil ich noch zwei Jahre zur Schule gehe und danach Theologie studieren will, wollten wir diese zwei Jahre ohne festes Gehen, ohne Kuß usw. aushalten.

Ich stellte mich völlig darauf ein. Wir sahen uns oft in der Gruppe, zeigten aber nie unsere Gefühle. Ich war fest überzeugt, daß Jesus mir Katrin zur Frau gegeben hat.

Doch dann kam der Punkt, wo es bei mir aufhörte. Ich begriff gar nichts mehr.

Ich war zwei Wochen lang verreist. Als ich zurückkam, gingen wir allein spazieren. Aber sie sah mich nicht an, lachte mich nicht an. Sie sagte, daß es ihr jetzt schon zum zweiten Mal passiert sei, daß sie nichts für mich empfindet, daß ich ihr egal bin. Sie war den Tränen nahe, denn sie fühlte sich schuldig.

Sie bat mich, die ganze Sache ruhen zu lassen, denn sie möchte einen Mann, den sie alle Tage ihr ganzes Leben lang lieben kann und nicht nur drei Monate und achtundzwanzig Tage. (So lange gingen wir miteinander).

Ich stehe jetzt vor einem Nichts. Ich weiß nichts mehr. Sind die zwei Jahre ohne Kuß schuld daran? Oder hat Gott noch eine bessere Frau für mich? Kann einen Gott so führen? Muß ich lernen, down zu sein? Bin ich zu hart gewesen? Sind wir zu jung?

»Herr, Du bist groß von Rat und mächtig von Tat. Deine Augen stehen offen über alle Wege der Menschenkinder.« (Jer. 32,19)

Ich weiß, daß Gott mich führt, aber ich bin fertig und weiß nichts mehr, bin unsicher. Ich bete, daß Sie mir helfen können. Ich glaube daran.

Ihr

Axel

Lieber Axel!

Dank für Deinen Brief. Gleich zu Deinen Fragen: Es ist durchaus möglich, daß Gott eine andere Frau für Dich hat. Vielleicht war Katrin nur die Zweitbeste, während Gott die Erstbeste noch für Dich bereit hält.

Ja, Gott kann so führen. – Ja, Du mußt lernen, »down« zu sein. Das ist die beste Vorbereitung für das Leben. Gerade darum lohnt sich Liebeskummer. Auf diese Weise wirst Du ein Mann.

Nein, Du bist nicht zu hart gewesen. Sicher war es eine Dummheit, allen zu verkünden, daß die nächste Freundin Deine Frau würde. Aber daran, daß Ihr Euch so enge Grenzen auferlegt habt, ist die Beziehung bestimmt nicht zerbrochen. Im Gegenteil: Sie wäre vermutlich viel eher in die Binsen gegangen, wenn Ihr weiter gegangen wäret. Und stelle Dir vor, wie peinlich Dir das jetzt wäre! Vor allem, wenn Du dann der Erstbesten begegnest!

Ja, Ihr seid sehr jung, Ihr könnt und dürft Euch jetzt noch nicht für eine Ehe entscheiden. Zwischen siebzehn und zwanzig ändert Ihr beide Euch noch total. Deshalb ist es völlig normal, daß sich auch Eure Gefühle ändern. Auch Deine werden sich noch ändern.

Dabei mußt Du Katrin sehr dankbar sein, daß sie es Dir ehrlich sagt und Dir nichts vorspielt, nur um Dich froh zu machen. Oder daß sie gar mit Dir und Deinen Gefühlen spielt, wie es manche Mädchen tun, weil sie in Eurem Alter den Jungen ein wenig voraus sind in der Entwicklung.

Wenn Du so willst, ist gerade diese Ehrlichkeit ein Zeichen von Liebe. In Goethes »Tasso« steht das tiefe Wort: »Die wahre Freundschaft zeigt sich im Versagen zur rechten Zeit, und es gewährt die Liebe gar oft ein schädlich Gut, wenn sie den Willen des Fordernden mehr als sein Glück bedenkt.«

Von Dir aus heißt Liebe jetzt: ihre Bitte gewähren und alles »ruhen« lassen. Ihr braucht beide jetzt diese »Ruhe« nach dem Sturm, um Euch selbst zu finden. Gerade für einen Theologiestudenten ist es nicht gut, wenn er zu früh an den Banden der Liebe geht. Von der Frau eines Pfarrers wird in der Regel mehr verlangt als normalerweise von einer Ehefrau. Darum mußt Du Dir bei der Wahl viel Zeit lassen.

Überhaupt brauchst Du Geduld mit Dir selber und auch mit Gott und Seinen Führungen. Ich freue mich, daß Du auch die kleinen Entscheidungen des Alltags mit Gott in Beziehung bringst und konkret mit ihm rechnest. Er erweist sich aber oft gerade dann als der Herr von »Rat und Tat«, wenn er unsere Wege durchkreuzt.

Ich glaube, Gott hat Dir schon geholfen. Wenn er uns ans Ende bringt mit unseren Wegen, so daß wir »fertig« sind und meinen, vor einem Nichts zu stehen, dann ist das oft der Beginn Seines Weges mit uns.

Aber: Ist es nicht sogar etwas Schönes, Abenteuerliches, vor einem »Nichts« zu stehen, weil dann alle Möglichkeiten und Wege noch ganz offen sind? Liegt im Nichts nicht Zukunft?

Gerhard Fritzsche hat das einmal so ausgedrückt: »Wer noch nicht zerbrochen ist, findet nicht die Türen, die zu Dir, Herr Jesu Christ, in die Freude führen.«

Mit herzlichen Grüßen

Dein W. T.

Zwischenwort

Meine Söhne empfanden beim Vorlesen des Manuskriptes den Brief von Axel überdreht und unnatürlich, nicht menschlich. Axel sei verkopft und denke zu viel, meinten sie. Er habe sein Gefühl fromm überkleistert.

Ein wenig schmunzeln mußten sie über das genaue Festhalten der Tage der Freundschaftsdauer. Dieses zahlenmäßige Registrieren war ihnen schon bei Reinhard aufgefallen, der genau berichtet hatte, in der wievielten Woche er wie oft geküßt hatte. Vielleicht ist dieses Zählen bei den Jungen, die sich ihrer Gefühle oft schämen, ein Versuch, sie zu versachlichen.

Nun, das sei dahingestellt. Wichtig ist, daß Axel überhaupt nach der Führung Gottes sucht und sich nicht einfach treiben läßt. In Liebesangelegenheiten ist es ganz besonders schwer, Gottes Willen zu erkennen, da das Überwältigtwerden von so erhabenen Gefühlen leicht verwechselt wird mit Gottes Stimme oder gar Gottes Handeln.

Die Antwort von Axel kam erst zehn Monate später:

»Endlich will ich Ihnen antworten. Ich glaube nur, ich muß Ihre Erwartungen enttäuschen. Bald nachdem ich Ihren Brief erhielt, hatte sich die Lage geklärt. Ich war damals ganz bereit, daß sich alles zerschlagen würde. Und dann kam Katrin ganz von sich aus zu mir.

Ich war auf alles gefaßt. Ich hatte sie sofort wieder sehr gern, als sie kam, und irgendwie spürte ich dasselbe Gefühl bei ihr für mich.

Heute gehen wir schon weit über ein Jahr miteinander und sind glücklich. In dieser Zeit hätte es viele Gelegenheiten gegeben, wo wir uns hätten trennen können. Aber bei uns ist der dritte Partner Jesus. Ihm haben wir unsere ganze Beziehung in die Hände gelegt. Die Hilfe, die darin liegt, ist mir immer wieder groß geworden.

Im Rückblick kann ich Gott für diesen Gang der Dinge nur unendlich dankbar sein.«

Zwei Dinge erscheinen mir bemerkenswert an diesem Brief. Einmal ist es die Tatsache, daß hier ein Mädchen von sich aus ganz bewußt einen Schritt auf den Jungen zu tut. Sie braucht nicht immer passiv zu warten und ihre Gefühle zu verbergen. Auch in dieser Situation gilt das Wort Jesu: »Die Wahrheit wird euch frei machen.« (Joh. 8,32)

Nur muß sie eben dann »aus der Wahrheit« sein und sich selber bringen, ohne Versteck zu spielen wie Elke. Dazu gehört eine starke Persönlichkeit, denn sie riskiert dabei auch ein Abgeblitztwerden, was sie dann verkraften müßte.

Das andere Bemerkenswerte ist, daß die beiden den körperlichen Bereich zunächst aus ihrer Beziehung ausgeklammert haben. Ich konnte sie inzwischen kennenlernen, und im Gespräch bestätigten sie es mir nochmals. Sie betrachten diese Zeit als eine Probezeit und wollen die Entscheidung nicht vorwegnehmen durch die Aufnahme sexueller Beziehungen. Deshalb ziehen sie auch bei ihren Zärtlichkeiten die Grenze eher zu eng als zu weit.

Wie weise das ist, soll der nächste Briefwechsel zeigen. Auch hier handelt es sich um zwei Christen – das Mädchen 16 und der Junge 19.

5   Klaus und ich in einem Zimmer

> »Klaus und ich gingen in ein Zimmer. In den zwei
> Nächten ist überhaupt nichts passiert.«

Rita G., 16, Schülerin, Freund 19

Ohne Anrede

Ich heiße Rita G., bin 16 Jahre alt und in der 9. Klasse der Haupt-
schule.

Ich habe Ihr Buch »Mein schönes Gefühl« gelesen und habe mich
entschlossen, Ihnen mein Problem zu schreiben. Ich bin Christin
und seit einem Jahr in der Kinder- und Jugendarbeit an unserem
Ort tätig.

Mit 14 Jahren hatte ich meinen ersten Freund. Wir gingen ein Jahr
lang miteinander. In der Zeit ließ ich Gott einfach links liegen. Als
wir Schluß gemacht hatten, fiel es mir sehr schwer, von ihm loszukommen. Ich hätte nie gedacht, daß ich so an ihn gebunden war.
Ich war damals unheimlich enttäuscht. Und komme mir sehr
schlecht vor.

Vor 9 Monaten lernte ich den Klaus kennen. Er ist 19 Jahre alt und
ist gläubig. Meine Mutter wußte von der Freundschaft, sie hatte
den Klaus auch sehr gern. Und dann im April gingen ein paar
Jungs aus dem Jugendkreis und der Klaus und ich zum Skifahren.
In dem Haus gab es nur Zweibettzimmer. Klaus und ich gingen in
ein Zimmer. In den zwei Nächten ist überhaupt nichts passiert.
Wir lagen nebeneinander und umarmten uns ab und zu (was wir
vielleicht nicht machen sollten). Ich habe es meiner Mutter erzählt, weil sie danach fragte. Sie war sehr enttäuscht. (Seine Eltern
ebenfalls.)

Er holte mich abends öfters mal ab, es wurde aber immer seltener.
Meine Mutter hatte Klaus schon lange vergeben und vergessen,

was ich ihm auch klarzumachen versuchte. Er wollte oder konnte es einfach nicht glauben.

Zwei Monate darauf waren wir eingeladen zu einer Geburtstagsfeier auf einer Hütte. Wir wollten dort zelten und freuten uns beide darauf. An dem Samstag, an dem wir gehen wollten, kam Klaus etwas niedergeschlagen zu mir und erklärte mir, daß er mich von seinen Eltern aus nicht mitnehmen dürfe. Nachdem er weg war, wurde ich sehr böse auf seine Eltern. Ich ging, ohne zu überlegen, zu einem Vetter von Klaus und bat ihn, mich mit auf die Hütte zu nehmen. Er nahm mich mit. Klaus war von mir bodenlos enttäuscht. (Was ich auch vollkommen verstehen kann.)

Ich ging dann vier Wochen in Urlaub. Als ich zurückkam, merkte ich, daß Klaus nicht mehr zu uns kam und ich ihn nur selten sah. An einem Sonntagabend fragte ich ihn, was mit ihm los sei. Er erklärte mir, daß er nicht vergessen kann, was geschehen ist, daß er mich nicht überall mitnehmen möchte, und daß er im Posaunenchor gehänselt wird. Er sagte aber auch, daß er mich liebt. Wir machten an dem Abend Schluß, d. h. er machte Schluß.

Ich bin schuld daran, aber warum kann er denn nicht vergeben und vergessen? Ich komme von ihm nicht los. Ich liebe ihn so wie schon immer, wenn nicht noch mehr! Wir haben noch nicht über alles gesprochen. Ich weiß auch nicht, was er für mich empfindet. Soll ich mit ihm reden, über alles ganz offen, oder soll ich nichts tun? Ich habe das Gefühl, daß er mich liebt, aber es irgendwie verdrängen will. Denn er ist sehr freundlich und nett zu mir, wenn ich ihn sehe. Könnten Sie mir bitte helfen!

Vielen Dank, daß Sie mir zugehört haben und daß ich Ihnen schreiben darf.

Rita

Liebe Rita!

Vielen Dank für Deinen Brief, an dem ich besonders schätze, daß Du auch Dein Fehlverhalten offen schilderst.

Du sagst, daß Du eine Christin bist, und hast Dich auch in der Jugendarbeit engagiert. Auch von Klaus sagst Du, daß er »gläubig« ist.

Weißt Du, wenn man dieses Wort »glauben« ganz ernst nimmt, dann heißt das: »etwas als echt und gültig anerkennen«. Glauben heißt also nicht, wie man so landläufig meint, etwas für wahr halten, was man nicht so genau weiß oder wissen kann, sondern es ist eine Tat, die verbindliche Folgen hat. Zu diesen Folgen gehört auch ein Lebensstil, an dem andere ablesen können, daß diese Tat des Glaubens im Leben dieses Menschen geschehen ist und täglich neu geschieht.

Das Übernachten im gleichen Zimmer und im gleichen Zelt gehört meiner Ansicht nach nicht zu diesem Lebensstil. Dies ist bereits eine eheliche Situation, die der Wirklichkeit des Einfleischwerdens zugeordnet ist und die nach biblischer Erkenntnis ausschließlich auf die Ehe bezogen ist.

In Deinem Alter nimmst Du hier etwas vorweg, was nicht in Deinen Lebensstil als Christ hineingehört. Selbst dann, wenn »nichts« passiert. Mit »nichts« meinst Du offensichtlich die sexuelle Vereinigung oder jedenfalls irgendwelche sexuellen Berührungen.

Aber gerade wenn es nicht dazu kommt, passiert eben doch etwas. Ihr müßt nämlich beide etwas ganz stark verdrängen – das Umarmen ab und zu, dem Ihr doch nicht widerstehen konntet, zeigt es – und wenn sich das einmal einübt, läßt es sich später nicht so leicht wieder korrigieren.

Vor Klaus habe ich hohe Achtung. Er ist offensichtlich nicht nur von Dir enttäuscht, sondern vor allem von sich selber, daß er diesen Kompromiß schloß. Auch von daher gesehen ist etwas »passiert«, was er sich kaum selbst vergeben kann. Darum hat er die Konsequenzen gezogen. Das rechne ich ihm hoch an, wie übrigens auch die Tatsache, daß er trotz seiner 19 Jahre – im Unterschied zu Dir mit 16 – seinen Eltern gehorcht, auch wenn diese etwas von ihm verlangen, was seinen Wünschen nicht entspricht.

Als Du ihm dann »ohne Überlegen« nachgefahren bist, hat er gemerkt, daß er Dich mit dieser Freundschaft überfordert und in Situationen bringt, denen Du noch nicht gewachsen bist. Er hat deshalb das einzig Richtige getan und Schluß gemacht, vielleicht gerade, weil er Dich ganz gern mag und Dein Bestes will.

Du kannst jetzt nichts anderes tun, als das anzunehmen, und darfst nicht an seiner Entscheidung rütteln. Sie ist gut für Dich. Lerne, in der Distanz zu leben und doch freundlich zu bleiben. Das ist die Kunst, die Klaus Dir vorlebt.

Dabei mußt Du auch wissen, daß du einen gewissen Preis bezahlst für Deinen Ungehorsam und Deine Unüberlegtheit. Wenn Du einen Lebensstil entwickeln willst, an dem sich etwas ablesen läßt, dann darfst Du eben nicht »ohne Überlegen« handeln. Hinzu kommt, daß wir als Christen nicht nur für unser jeweiliges Tun verantwortlich sind, sondern für unseren ganzen Menschen, also auch für unseren Ruf und dafür, daß wir keinen falschen Verdacht erwecken.

Nach dem zu urteilen, was heute gang und gäbe ist, wird Euch kein Mensch glauben, daß Ihr Euch nicht sexuell begegnet seid, wenn Ihr im gleichen Zimmer übernachtet habt und noch dazu, wie das Umarmen vermuten läßt, im gleichen Bett. Darum ist ein solches Verhalten kein Zeugnis für Euren Herrn.

Nochmals: Ich freue mich, daß Du Deinen Fehler einsiehst und sogar Klaus' Enttäuschung über Dich verstehst. Die wirklichen Fehler im Leben sind aber nur die, aus denen man nichts lernt.

Ich grüße Dich ganz herzlich

Dein W. T.

Rita antwortet erst ein halbes Jahr später.

Ohne Anrede.

Es ist schon lange her, daß Ihnen geschrieben habe. Die Freundschaft mit Klaus ist jetzt ganz abgebrochen. Ich habe mich bei ihm entschuldigt. Er hat mir zwar vergeben, aber vergessen könne er nicht, meint er. Wir sehen uns jeden Freitag im Jugendkreis, was aber nichts bedeutet.

Es gibt aber trotzdem Zeiten, in denen ich durch die Begegnung sehr depressiv werde und dann, ehrlich gesagt, an Selbstmord denke oder alles liegenlassen möchte. Ich bin z. Z. in ärztlicher

Behandlung wegen einem Magengeschwür, welches nervlich be-
dingt ist und auch auf die Freundschaft zurückzuführen ist.

Klaus hat einen sehr strengen Vater, der seinen 3 Kindern nicht
viel zuläßt mit der Begründung: »Wir durften das damals auch
nicht.«

Zwischenwort

Der letzte Abschnitt von Ritas Brief war mir wichtig. Es ist einer der seltenen Fälle, wo in den Briefen einmal ein Vater vorkommt, der handelt, eingreift, einen Weg weist und zu seiner Meinung steht.

Nur spricht er nicht. Die Begründung, die er gibt, reicht nicht aus. So zwingt er seine Kinder, ohne Einsicht zu gehorchen. Das allein genügt nicht.

Warum muß ein Vater, wenn er stark ist, sich immer wie ein Patriarch benehmen? Was wir brauchen, sind weder Randfiguren noch Patriarchen, sondern väterliche Väter. Sollte das wirklich so schwer sein?

Hans, von dem der nächste Brief ist, kann mit seinem Vater reden. Doch reden beide zu ungenau miteinander. Von ihm erhielt ich folgenden Protestbrief:

6   Ein Mädchen zuviel

»Hätte ich gewußt, wie niederträchtig man sich nach dem Lesen Ihres Buches vorkommt, hätte ich es nie gelesen.« – »Die ganze Art, wie Sie über Zärtlichkeiten geschrieben haben, wirkt regelrecht abstoßend.« – »Ich möchte nicht gern ein Mädchen heiraten, das schon mit fünf oder sechs Jungen geschlafen hat.«

Hans K., Schüler, 14

Sehr geehrter Herr Trobisch!

Durch eine Bekannte kam ich vor kurzem an Ihr Buch »Liebe ist ein Gefühl, das man lernen muß.« Da mich der Titel ansprach, las ich Ihr Buch durch und gab es auch an einige Freunde weiter. (Unser Alter: 14 Jahre.)

Hätte ich gewußt, was für Komplikationen dieses Buch mit sich bringt und wie niederträchtig man sich nach dem Lesen dieses Buches vorkommt, hätte ich es wohl nie gelesen.

Damit will ich gar nicht unbedingt Ihre Grundgedanken kritisieren oder gar schlechtmachen. Aber die Härte, mit der Sie sich ausgedrückt haben, finde ich einfach unverantwortlich. Ihrem Buch nach ist ein Mädchen, das nicht »keusch« ist, gleich mehr oder weniger ein »verkäufliches« Mädchen. Schläft man vor der Ehe zusammen, so ist das eine große Sünde, und die Ehe ist von vornerein schon im Eimer. Die ganze Art, wie Sie über Zärtlichkeiten geschrieben haben, wirkt regelrecht abstoßend.

Nachdem ich dieses Buch gelesen hatte, war ich zuerst sehr unsicher. Daß eine Freundschaft unter so etwas leiden kann, ist gar keine Frage. Ich wünsche mir immer wieder, ich hätte dieses Buch nie gelesen. Den anderen, die dieses Buch gelesen haben, geht es genauso.

In Ihrem Buch ging doch regelrecht alles schief. Verhütungsmittel gibt es demnach kaum welche, und keins von ihnen ist sicher. Schlafen ein Junge und ein Mädchen zusammen, so läßt der Junge das Mädchen meist sowieso sitzen. Warum wurde in diesem Buch denn alles so pessimistisch dargestellt?

Für eine baldige Antwort meines Briefes wäre ich Ihnen sehr dankbar.

Mit frdl. Grüßen Ihr Hans

PS: Rückporto wird beigelegt.

Lieber Hans!

Vielen herzlichen Dank für Deinen Brief. Es ist gut, daß Du Deinem Herzen einmal Luft gemacht hast und mir offen Deine Meinung über mein Buch geschrieben hast.

Du hast Dich also über mein Buch geärgert. Hast Du Dich aber auch schon einmal gefragt, warum? Ich will es Dir sagen: Weil es Dir ein schlechtes Gewissen verursacht hat! Oder war das schlechte Gewissen, das Gefühl, auf der falschen Fährte zu sein, schon vorher da, und mein Buch hat es nur bestätigt?

Wenn Du wütend bist, weil Du Dir nach der Lektüre »niederträchtig« vorkamst, also wie einer, der nach Niederem trachtet, dann vielleicht, weil es der Wahrheit entspricht? Vielleicht hast Du Dich tatsächlich »niederträchtig« verhalten?

Das einsehen zu müssen, tut weh, ich weiß es. Aber manchmal ist es die größere Liebe, jemand weh zu tun, selbst wenn er einem böse wird.

Damit bin ich bei Deiner Frage, warum ich in diesem Buch die negativen Konsequenzen so realistisch – nicht pessimistisch – dargestellt habe: Weil ich buchstäblich Hunderte von Briefen hier habe, die bezeugen, wie Menschen dadurch gescheitert sind, daß sie Gottes Gebot mißachtet haben. Es ist eben leider tatsächlich so, daß das Unglück vieler Ehen bei einem unguten vorehelichen Leben beginnt. Wenn jetzt Deine Freundschaft unter Deiner Verunsicherung leidet, so ist das weitaus besser, als wenn später Deine Ehe leidet. Gerade aus Verantwortung, um zu warnen und vor Scheitern zu bewahren, habe ich mich so hart ausgedrückt.

Wenn Du andere Erfahrungen gemacht hast, dann darfst Du mir das gerne mitteilen. Ich wünschte mir nur, daß auch Deine Freundin mir ihre Meinung zu meinem Buch schreiben würde. Ich habe nämlich ausgerechnet von Mädchen sehr viele dankbare Briefe. Manche schreiben: »Hätte ich Ihr Buch nur einen Tag eher gelesen, wäre mein Leben nicht verpfuscht!«

Leider ist es eben tatsächlich so, daß viele Jungen ein Mädchen, das sich ihnen einmal ganz gegeben hat, dann plötzlich sitzenlassen. Ich hoffe sehr, Du gehörst nicht zu ihnen, und grüße Dich ganz herzlich

Dein W. T.

Sehr geehrter Herr Trobisch!

Zuerst möchte ich mich für Ihren netten Brief bedanken und damit zugleich einen Irrtum aufdecken. Ich muß Ihnen nämlich mitteilen, daß den ersten Brief nicht ich, sondern meine Freundin geschrieben hat. Sie schrieb ihn unter meinem Namen und mit meinem Absender, da sie Angst hatte, daß ihre Eltern Ihre Antwort lesen könnten und schimpfen würden.

Jedoch enthielt der erste Brief die Gedanken meiner Freundin, was Sie aber nicht wissen konnten.

Ich muß Ihnen zwar recht geben, daß viele Jungen ein Mädchen im Stich lassen, wenn sie sich ihnen einmal ganz gegeben hat. Aber ich kenne auch eine Reihe von Fällen, bei denen es nicht so war.

Ich bin zwar auch ganz und gar nicht dafür, daß ein Mädchen mit jedem Jungen ins Bett geht, da ich später auch nicht gerne ein Mädchen heiraten möchte, das schon mit fünf oder sechs Jungen geschlafen hat.

Doch ich meine auch, und darüber sprach ich auch mit meinen Eltern, die der gleichen Meinung wie ich waren, daß man ruhig auch mit ein oder zwei Mädchen vor der Ehe befreundet sein kann.

Denn ich glaube, daß man ein Mädchen oder eine Frau erst richtig in der Ehe kennenlernt. Wenn man das erste Mädchen jedoch gleich heiratet, hat man ja noch keine Erfahrungen, und man merkt vielleicht mit der Zeit, daß das Zusammenleben doch nicht so verläuft, wie man es sich erhofft hat – und die Ehe kann zu Bruch gehen. Gerade das finde ich sehr schlecht, vor allem, wenn auch noch Kinder vorhanden sind. Außerdem verstößt man dann gegen das 6. Gebot: »Du sollst nicht ehebrechen.«

Vielleicht ist meine Meinung auch völlig verkehrt, weil es ja auch in der Bibel steht, daß Gott die vorehelichen Beziehungen für die Ehe aufgehoben hat. Aber dennoch glaube ich, und ich will mir damit nicht meine eigenen Normen setzen, daß es besser ist, ein oder zwei Mädchen vor der Ehe gehabt zu haben, als daß man in der Ehe fremdgeht oder daß die Ehe aus irgendeinem andern Grund auseinandergeht.

Herzliche Grüße

Ihr Hans

Lieber Hans!

Was mir gefällt an Deinem Brief, ist, daß Du mit einem für Dein Alter ungewöhnlichen Weitblick alles vom Ziel her siehst und bei den jetzigen Weichenstellungen bereits die Ehe im Blickfeld hast, bzw. das mögliche Scheitern einer Ehe.

Alles hängt natürlich davon ab, was Du mit dem Wort »befreundet« meinst. Möglicherweise gehen da doch Deine Meinung und die Deiner Eltern auseinander. Wenn Du damit ein näheres Kennenlernen meinst, dann würde ich sagen, sind ein oder zwei Mädchen viel zu wenig. Man muß viele Mädchen kennengelernt haben, um wirklich wählen zu können.

Meinst Du aber, daß das Befreundetsein auch das Zusammenschlafen mit einbezieht, dann meine ich, ist selbst *ein* Mädchen schon zuviel. Gerade um des Zieles willen, von dem Du her denkst, bin ich dieser Meinung. Denn es ist erwiesen, daß gerade in den Ehen die Untreue am seltensten ist, wo beide sich als erste Partner einander gaben.

Wenn ein oder zwei gut sein sollen, warum dann nicht fünf oder sechs? Hier wirst Du inkonsequent. Macht nicht Übung den Meister?

Es ist eine Tatsache, daß vor der Ehe oft belastende Erfahrungen auf sexuellem Gebiet gemacht werden, die ein tieferes Kennenlernen blockieren und der späteren ehelichen Gemeinschaft abträglich sind. Gerade der eingeübte Wechsel und das damit ermöglichte Vergleichen wirken sich negativ auf die Ehe aus.

Meinst Du wirklich, daß Deine Freundin, die mir den vorigen Brief schrieb, eine gute Ehefrau wird, falls sie den bisher eingeschlagenen Weg weitergeht? Ihre Eltern scheinen übrigens nicht ihrer Meinung zu sein, sonst hätte sie keine Sorgen gehabt, daß sie meine Antwort lesen könnten.

Es ist gefährlich, seine eigenen Normen gegen Gottes Gebot zu setzen. Du sagst zwar, daß Du es nicht willst, aber praktisch tust Du's doch. Schließlich war es ja nicht die menschliche Gemeinheit, die den Sohn Gottes ans Kreuz brachte, sondern das menschliche Besserwissen.

Ich grüße Dich ganz herzlich

Dein W. T.

Zwischenwort

Die Korrespondenz mit Hans bringt ein ganz wichtiges Problem zur Sprache, nämlich das Briefgeheimnis heranwachsender Kinder. Er sagt zwar nicht, wie alt seine Freundin ist, die unter seinem Namen schrieb, doch ich schätze, daß sie fünfzehn, höchstens sechzehn ist.

Es sollte keine Frage sein, daß Eltern in diesem Alter das Briefgeheimnis ihrer Kinder unbedingt wahren müssen. Es ist verständlich, daß Eltern ihre Kinder vor schlechten Einflüssen schützen wollen, doch das geschieht auf diese Weise gerade nicht. Sie zwingen ihre Kinder damit nur zu Heimlichkeiten und Umwegen, wie es der Brief von Hans' Freundin beweist. Außerdem geben sie ihren Kindern das Gefühl, daß sie ihnen nicht vertrauen und kein Urteilsvermögen zutrauen. Deshalb werden sich solche Kinder im entscheidenden Moment, wenn sie wirklich Hilfe brauchen, gerade nicht an die eigenen Eltern wenden. Denn wenn einmal das Vertrauen untergraben ist, ist auch jeder Einfluß unmöglich.

Der größte Schutz, den Eltern ihrem Kind geben können, ist wohl die Gewißheit des Kindes: Meine Eltern trauen mir Gutes zu.

Im Unterschied zu seiner Freundin wahren die Eltern von Hans sein Briefgeheimnis, und er ist sicher auch gerade deshalb im Gespräch mit ihnen, wenn dieses Gespräch auch recht ungenau und oberflächlich zu verlaufen scheint.

Man sieht aus seinem Brief, daß es keineswegs zu früh ist, mit einem Vierzehnjährigen schon über die Ehe zu reden. Sicher ist bei seiner Meinungsbildung ein Gruppendruck mit im Spiel. Hier könnten die Eltern mit ihrem festen Standpunkt ein gutes Gegengewicht schaffen, indem sie auch wagen, ganz konkrete Fragen zu erörtern, wie die der Schwangerschaft und der Verhütungsmittel, an die Hans gar nicht zu denken scheint.

Vor allem aber irrt er sich, wenn er meint, daß die Vorbereitung auf die Ehe sich hauptsächlich auf den Sexualakt konzentrieren muß. Denn von hundert Stunden Ehe ist nicht viel mehr als eine damit ausgefüllt. Auf die anderen neunundneunzig gilt es, sich vorzubereiten. –

Die nächste Korrespondentin ist noch jünger als Hans, erst dreizehn. Sie hat jedoch einen fast neunzehnjährigen Freund. An sexuelle Dinge scheint sie im Hinblick auf ihn überhaupt nicht zu denken. Dennoch ist das Sexuelle nicht ausgeklammert, aber es ist noch ganz auf sie selbst bezogen. Was Borghild sucht und nicht findet, ist Geborgenheit.

7 Ist Selbstbefriedigung Sünde

> »Hat Jesus etwas gegen Freundschaft mit 13?« –
> »Ist Selbstbefriedigung Sünde? Manchmal kann ich
> nicht anders. Ich brauche dann Liebe.« – »Ich esse
> immer weiter, ja, ich fresse beinahe schon.«
>
> Borghild L., 13, Freund 18

Lieber Herr Trobisch!

Ich schreibe Ihnen, weil ich Antwort suche.

Ich bin 13 Jahre alt. Es wird Sie wundern, daß ich Ihnen das schreibe. Aber es ist ausschlaggebend. Zu sehr?

Ich habe einen Freund. Er wird in zwei Monaten 19. Wir verstehen uns einmalig. Wirklich! Wir sind beide Christen. Er lernt Krankenpfleger. Meine Eltern, ja meine ganze Familie mit Opa und Hund akzeptieren ihn. Er gehört dazu. Er ist oft bei uns.

Nun ist, glaube ich, noch wichtig: Wir kennen uns ungefähr ein halbes Jahr. Nun frage ich Sie: Hat Jesus etwas gegen Freundschaft mit 13? Hat er was gegen Händchenhalten? Mehr nicht?

Oh, Mann, jetzt schreibe ich mir alles von der Leber. Hoffentlich haben Sie Zeit, es zu lesen.

Sie finden mich alle noch zu jung und gehen auf die Parole: »Ein Kuß ist der erste Schritt ins Bett.« Oh, Mann, das bedrückt mich schon!

Noch was: Ist Selbstbefriedigung Sünde? Manchmal kann ich nicht anders. Ich brauche dann Liebe. Ich denke dann schnell: »Jesus liebt dich über alles.« Aber die Aussage: »Ich bin Christ« kommt doch ins Wanken. Oder nicht?

Hoffentlich erreicht Sie dieser Brief. Hoffentlich! Ich wünsche mir so sehr Antwort! Bitte!

Vielen Dank   Ihre Borghild

PS: Ich lasse den Brief so. Wenn ich ihn noch mal abschreiben würde, würde ich vielleicht etwas weglassen.

Liebe Borghild!

Hab Dank für Deinen Brief »von der Leber weg«.

Freilich darfst Du befreundet sein mit einem jungen Mann und auch »Händchen halten«. Aber es bringt Dich innerlich nicht weiter, und Ihr könnt Euch bei diesem großen Altersunterschied nicht auf der gleichen Ebene begegnen. In Deinem Alter wäre es viel wichtiger, eine gute Freundin zu haben.

Die Spannungen, die die Freundschaft mit einem »Freund« mit sich bringt, kosten Dich jetzt noch zuviel Kraft. Ein Kuß muß Euch natürlich nicht gleich ins Bett führen. Trotzdem ist an diesem Ausspruch auch ein Körnchen Wahrheit.

Auf all diese Fragen sind meine Frau und ich in unserem Buch »Mein schönes Gefühl« näher eingegangen. Es ist ein Briefwechsel mit einem siebzehnjährigen Mädchen, das übrigens auch Dein Problem der Selbstbefriedigung hatte. Darin haben wir auch die schwierige Frage nach der Sünde zu beantworten versucht. Vielleicht kannst Du es erst einmal lesen und uns dann schreiben, ob Du Dich darin wiederfinden kannst.

Du hast übrigens sehr fein beobachtet, daß Du Liebe suchst, wenn Du es tust – oder vielmehr das Gefühl, geliebt zu werden. Aber gerade auf diese Weise erfährst Du es nicht!

Schreibe wieder!

Dein W. T.

Lieber Herr Trobisch!

Ich bin Ihnen wirklich sehr dankbar, daß Sie mir zurückgeschrieben habe. Ich habe das Buch gelesen. Ich habe wirklich auch die Probleme, wie sie Ilona gehabt hat.

Auch mit dem Essen habe ich die gleichen Schwierigkeiten. Ich esse immer weiter, ja, ich fresse beinahe schon.

Dabei bin ich eigentlich wirklich sehr schlank. Das sagen alle. Mutter meint, ich würde mit meinem Körper einen Kult betreiben. Das ist nämlich so: Manchmal kommen Zeiten, da kann ich mich mit dem Essen beherrschen. Aber das ist dann wieder so stark, daß mir den ganzen Tag der Magen knurrt. Ich will dann »schlank werden« und sehe mich jeden Abend – nackt – im Spiegel an.

Dann kommt jedesmal wie bei der Selbstbefriedigung eine Stimme und sagt: »Aber Borghild, Gott ist es doch egal, ob du schlank bist. Gott hat dich doch lieb. Du darfst ruhig essen.« Und dann mache ich es eben, obwohl ich es gar nicht will. Können Sie mir nicht helfen? Ach bitte!

Auch die Selbstbefriedigung kann ich nicht loslassen. Ich freue mich schon vorher richtig darauf: »Ah, endlich aus dem Alltag entfliehen, sich richtig Liebe beweisen.«

Oh, backe, ich kann mich schlecht ausdrücken. Hoffentlich haben Sie Zeit. Ehrlich, ich möchte Sie nicht belästigen.

Mama sagt, mit »solchen Dingen« solle ich mich noch nicht beschäftigen. (Bitte, ich möchte Mutter nicht schlecht machen.)

Nun auch noch das mit den Hosen! Heut' hat es wieder mal Krach gegeben. Ich solle doch wenigstens im Gottesdienst nicht diese vergammelten Jeans anziehen!

Ich gebe zu, sie sind vergammelt. Ich ziehe nur diese Hose an, jeden Tag. Na, Mutter zuliebe habe ich dann eine für sie bessere angezogen. Meine Stimmung war dadurch vermasselt. Am Nachmittag durfte ich dann wieder die andere anziehen. Ich fühlte mich tatsächlich wohler. So ist das nun mal.

Mädchensachen ekeln mich oft an, und doch finde ich Weiblichkeit bei anderen schön, anziehend.

Ich bin in letzter Zeit richtig komisch. Wenn ich jetzt an Ehe, Geschlechtsverkehr, ja sogar Freundschaft denke, kriege ich zuviel. Das ekelt mich manchmal sogar richtig an. Wenn ich Pärchen sehe, werde ich wütend. (Früher wollte ich gern heiraten. Es war mein einziges Ziel.)

Wissen Sie, ich möchte Schluß machen mit Manfred. Als ich den letzten Brief schrieb, war es noch anders. Da hatte ich Sehnsucht nach Zärtlichkeiten. Zweimal haben wir einer zum andern gesagt: »Ich mag dich.« Beim zweiten Mal haben wir kurz unsere Hände gehalten. Jetzt will ich das gar nicht mehr.

Wissen Sie, ich möchte frei sein und mein Leben genießen. Darum ist mir die Ehe auf einmal so abfällig. Ein ganzes Leben mit ein und demselben Mann!

Sagen Sie, soll ich wirklich Schluß machen mit Manfred? Jetzt geht mir sein ganzes Wesen auf'n Wecker. Ich kann nicht mehr.

Mutti sagt, sie fände das nicht richtig: Auf einmal einfach abschieben. Ich hätte mich gar nicht erst darauf einlassen sollen.

Ich hatte am Anfang nach einer Woche schon mal versucht, Schluß zu machen, weil ich dachte, es sei vor Gott einfach nicht richtig. Doch er war tief traurig und hat mich dann »überzeugt«. So blieben wir zusammen.

Die Leute nahmen und nehmen Anstoß, und es bringt für mich oft so Probleme mit sich. (Aber es hat auch schöne Seiten.)

Na ja, wenn Sie Zeit haben, antworten Sie? Ja, das wäre wirklich. . . DANKE!

Ihre Borghild

PS: Ich habe mir alles von der Leber geschrieben. Dafür bin ich unsagbar dankbar.

Liebe Borghild!

Auch ich bin Dir dankbar, daß Du Dir alles so »von der Leber« schreibst. Danke für Dein Vertrauen! – Dein Ausdruck »von der Leber schreiben« hat nämlich einen ganz tiefen Sinn. Man kann wirklich körperlich krank werden, wenn man seelische Spannungen, mit denen man nicht fertig wird, nicht ausspricht und aufgestauten Ärger herunterschluckt, anstatt ihn auszuspucken. Das kann sich buchstäblich auf die Leber legen! Du glaubst ja gar nicht, wie ich mich gefreut habe, daß Du wütend wirst, wenn du Pärchen siehst, und daß Dir Manfred »auf'n Wecker« geht! Jetzt bist Du echt, Borghild! Das bist Du ganz, in Deinem Alter ganz. Du hast aufgehört, eine Rolle zu spielen, weil Du meinst, daß man sie von Dir erwartet und Du einen »Freund« haben mußt, weil eben andere auch einen haben. Mit diesen Gefühlen bist Du endlich ehrlich, bist Du Du selber geworden. Schäme Dich ihrer nicht, sondern stelle Dich zu ihnen, und handle danach!

Ja, Du sollst wirklich frei sein und Dein Leben genießen, und genau deshalb darfst Du Dir die Freiheit erlauben und mit Manfred Schluß machen.

Gehe nicht gegen Deinen Willen Kompromisse ein, sondern stehe ehrlich zu Dir selber. Und laß Dich auch durch die Traurigkeit von Manfred nicht irremachen. Das ist *sein* Problem – nicht Dein Problem. Er muß lernen, mit dem Schmerz fertig zu werden, und er kann es nur so lernen. Letztlich hilfst Du ihm dadurch. »Die Liebe freut sich der Wahrheit« heißt es im Hohen Lied der Liebe (1. Kor. 13,6). Sie vermag nie etwas gegen die Wahrheit, sondern steht immer im Bunde mit ihr. Deshalb darf, ja muß sie auch manchmal Schmerz zufügen. »Vor Gott richtig« ist immer die Wahrheit, nie der Kompromiß aus Mitleid.

Wahrheit aber heißt, daß man seinem Lebensalter gemäß lebt. Wenn Du sagst: »Ich halt's einfach nicht mehr aus«, dann ist das Deinem Lebensalter gemäß genau richtig ausgedrückt und empfunden. Kein Mensch verlangt von Dir, daß Du mit 13 Jahren die Spannungen, die das Verhältnis zu einem Freund mit sich bringt, schon aushältst. Kein Mensch verlangt von Dir jetzt, daß Du Dich für die Ehe begeisterst oder auch nur begreifst, was sie ist und sein will.

Ein tiefe Mädchenfreundschaft wäre hingegen jetzt für Dich »dran«. Sie könnte ein Teil werden Deines Freiseins und Genießens des Lebens. Sie könnte Dich auch von dem Drehen um die eigene Achse und der Selbstbespiegelung befreien und Dir dadurch auch helfen, von der Selbstbefriedigung loszukommen, die ja nur ein Ausdruck davon ist.

Es freut uns, daß Du unser Buch gelesen hast, und daß Du Dich so mit »Ilona« identifizieren konntest. Im Grunde sind die Selbstbefriedigung – die übrigens nur so heißt und keine ist –, das Zuviessen wie das Zuwenigessen und auch der Hosenfimmel nur Zeichen für ein und dieselbe Sache: daß Du Dich selbst nicht liebst, Dich selbst noch nicht voll angenommen hast, auch noch nicht als Mädchen angenommen hast. Mein Büchlein »Liebe Dich Selbst« könnte Dir diese Zusammenhänge noch mehr erklären.

Dabei erwacht schon ganz, ganz leise eine andere Borghild in Dir. Es ist die Borghild, die »Weiblichkeit schön findet«, die einmal in einigen Jahren eine junge Frau werden wird, eine attraktive junge Dame, die in einem langen Ballkleid einherschreitet...

Bis dahin ist es noch ein langer Weg, und Du mußt Geduld haben mit Dir. Dieses Sichkomischfinden, dieses Durcheinanderwogen widerstreitender Gefühle, mal Ekel, mal Sehnsucht, gehört zu Deinem Alter dazu. Es wird sich später alles klären, und Du darfst keine Etappen überspringen. Weil Gott Geduld mit Dir hat, deshalb darfst Du es auch mit Dir selber haben.

Aber gerade diese Dimension fehlt mir in Deinem Brief. Darin unterscheidest Du Dich von Ilona: Sie hat sich Gott gestellt, Du noch nicht. Du hörst zuviel auf andere Stimmen, auf die Mutter und den Freund und »die Leute«. Nicht, ob die Leute Anstoß nehmen an Deiner Lebensführung, ist entscheidend, sondern ob Gott Anstoß nimmt.

Wenn Du Dich ihm stellst und auf ihn hörst, auf ihn allein, wird er nicht Anstoß nehmen, sondern Dir einen Anstoß geben und das Tor aufstoßen zum Freisein und Lebengenießen und zum Stehen über dem Alltag.

Er möchte Dir so gern »richtig Liebe beweisen«. Ich wünsche Dir so sehr, daß Du eines Tages durch dieses Tor gehst...

Es grüßt Dich vielmals

Dein W. T.

Zwischenwort

Borghild ist so echt! So geradeheraus! Sie ist noch ganz in der auto-erotischen Phase. Die Selbstbefriedigung, die Selbstbespiegelung, ja auch der Hosenfimmel sind ein Ausdruck davon. Sie weiß noch nicht, wer sie ist.

Freilich wird der Briefwechsel mit Borghild nicht voll verständlich ohne die Lektüre von »Mein schönes Gefühl«. Zwischen ihrem ersten und zweiten Brief hat sie dieses Buch gelesen, und man spürt deutlich, wie sie daran gewachsen ist. Die »Bibliotherapie«, das Heilwerden durch Lesen, hat bei ihr gewirkt.

Borghild steht gerade am Beginn der homoerotischen Phase und ist in der Gefahr, sie zu überspringen und zu früh, vom Gruppendruck geleitet, auf das andere Geschlecht zuzugehen, zumal die Mutter den Druck noch zu verstärken scheint, ohne ihr genug Hilfe zu geben. Denn der Rat, sich mit »solchen Dingen« nicht zu beschäftigen, genügt natürlich nicht.

Dabei hat Borghild Glück, daß sie in Manfred offensichtlich an einen Jungen geraten ist, der ihr Verlangen nach Geborgenheit und Zärtlichkeit, nach »Liebesbeweisen« nicht ausnützt.

Doch wo ist der Vater, der ihr mit ihren dreizehn Jahren das alles geben sollte und könnte? Warum findet er keine Erwähnung?

Meine Frau sagte, daß sie Borghilds Mutter gut verstehen könne. Sie meint sicher: lieber er als ein anderer. Bei ihm weiß sie ihre Tochter gut aufgehoben. So schnell findet sie so einen nicht wieder.

Und doch wehrt sich in Borghild etwas dagegen, und sie möchte Schluß machen. Doch die Mutter scheint für diese gesunde Abwehr keine Antenne zu haben und kommt gar nicht auf den Gedanken, ihr eine Freundin zu vermitteln oder ihr, wenigstens ein Stück weit, selbst Freundin zu sein.

Und wie sieht alles von Manfred her aus? Warum sucht er sich ein so junges Mädchen? Einer meiner Söhne meinte, eine Freundin sei so eine Art Statussymbol wie ein Auto. In seinem Alter müsse er einfach eine haben. Wenn er innerlich nicht stark und gefestigt genug ist, dann wenigstens eine junge. –

Die Probleme von Joela B. liegen ganz ähnlich. Sie hat keinen Vater und keinen Freund. Dafür aber eine verständnisvolle Mutter, die ihr ihr Geheimnis läßt und geduldig ihre Ichfindung als Mädchen abwartet.

Allerdings fing Joela viel früher als Borghild mit der Selbstbefriedigung an. Möglicherweise etwa in der Zeit, als sie ihren Vater durch Scheidung verlor.

8 Ich möchte meinen Zyklus auf den Mond schießen

»Ich habe schon oft gelesen, Selbstbefriedigung sei nicht schädlich, aber das hat mir nicht geholfen.« – »Es wäre das achte Weltwunder, mich einmal in einem Rock zu sehen.« – »Am liebsten würde ich den ganzen Zyklus und alles, was damit zusammenhängt, auf den Mond schießen.«

Joela B., Schülerin 14, keinen Vater und keinen Freund

Liebes Ehepaar Trobisch!

Ich heiße Joela und bin 14 Jahre alt. Vor einiger Zeit las ich Ihr Buch »Ich liebte ein Mädchen«. Es hat mich ungemein beeindruckt, mit welcher Offenheit der junge Afrikaner François sein Problem mit Ihnen besprochen hat. Ich habe mir schon lange jemanden gewünscht, mit dem ich mein Problem besprechen kann.

Etwa vor 4 bis 5 Jahren fing ich an, Selbstbefriedigung zu machen. Erst vor kurzem erfuhr ich, was ich eigentlich tat. Seitdem schäme ich mich furchtbar. Bin ich normal? Ist das krankhaft? Ich wäre es so gern wieder los!

Ich glaube an Gott und habe schon oft in der Stille mein Problem vor ihn gebracht. Aber ich habe nichts gemerkt. Habe ich etwas falsch gemacht?

Ich habe schon oft gelesen, Selbstbefriedigung sei nicht schädlich, aber das hat mir nicht geholfen. Mit meiner Mutter kann ich darüber nicht sprechen, obwohl ich glaube, sie weiß es.

Einen Vater habe ich nicht, denn meine Eltern ließen sich scheiden, als ich noch sehr klein war. Bis ich etwa 10 Jahre alt war, hatte ich ein wunderbares Verhältnis zu meiner Mutter. Doch in letzter

Zeit fühle ich mich dauernd angegriffen und werde dann richtig giftig. Ich will das gar nicht.

Am wohlsten fühle ich mich, wenn die Atmosphäre bei uns zu Hause friedlich und harmonisch ist.

Können Sie mir helfen? Darf ich Ihnen schreiben? Ach, wenn ich ehrlich bin, habe ich gar keine große Hoffnung, daß ich Antwort erhalte.

Ich danke Ihnen trotzdem, daß ich hier auf dem Papier mal abladen durfte.

Herzliche Grüße

Ihre Joela

Liebe Joela!

Es ist gut, daß Du auf dem Papier mal abgeladen hast. Das war sicher ein Schritt in die richtige Richtung.

Wir möchten Dir gern unser Buch »Mein schönes Gefühl« schikken, in dem wir die meisten Deiner Fragen beantwortet haben. Allerdings müßten wir vorher wissen, ob Deine Mutter das Briefgeheimnis wahrt. Wir hoffen, sie tut das, denn sie möchte ja sicher auch, daß wir Dir helfen, und das geht nur, wenn wir ganz offen miteinander sein können.

Gerade als ich das geschrieben hatte, entdeckte ich Deine Telefonnummer auf dem Umschlag und rief Dich an. Nun haben wir sogar schon miteinander gesprochen! Gut, daß Deine Mutter Deine Briefe nicht öffnet, und daß sie es zu verstehen scheint, wenn man eine Scheu hat, mit der eigenen Mutter gerade über dieses Problem zu sprechen.

Wir senden Dir also unser Buch. Aber wir wollen doch trotzdem Deine Hauptfragen hier kurz beantworten. Also: Du brauchst Dich nicht zu schämen, Du bist normal und auch nicht krank. Auch ist die Masturbation nicht schädlich. Aber deshalb ist sie nicht auch schon heilsam. Das spürst Du ja irgendwie auch selbst. Sonst hättest Du nicht das Bedürfnis gehabt, einmal »abzuladen«.

Es ist jedenfalls kein reifer und sinnerfüllender Umgang mit der Sexualität.

M. ist keine Krankheit, sondern ein Symptom für eine tieferliegende Not. Meist ist die Not Einsamkeit, und es kann schon sein, daß es irgendwo bei Dir auch damit zusammenhängt, daß Du keinen Vater hast. Oft hat es auch mit einer gespannten Beziehung zur Mutter zu tun, was Du ja auch andeutest. Vermutlich tust Du es nicht, wenn alles zu Hause »friedlich und harmonisch« ist.

Genug für heute. Wenn Du das Buch gelesen hast, dann schreibe uns wieder.

Dein Ehepaar T.

PS: Wir verwenden lieber die Bezeichnung »Masturbation« (M.) anstatt »Selbstbefriedigung«, da ja keine wirkliche Befriedigung dabei erzielt wird.

Liebes Ehepaar Trobisch!

Bitte, seien Sie nicht böse, daß ich so lange nichts von mir habe hören lassen. Irgendwie hatte ich auf einmal ein komisches Gefühl, nachdem ich Ihren Brief bekam. Sie waren plötzlich nicht mehr irgendein anonymer Fragenbeantworter – bitte, verzeihen Sie den Vergleich –, sondern so nah. Ich hatte irgendwie ein bißchen Angst. Das Gefühl kann ich nicht beschreiben.

Vielen Dank für den Brief und den Telefonanruf. Ich habe mich wirklich gefreut.

Sie haben mich gefragt, was ich für praktische Schlüsse daraus gezogen hätte. Ich habe mir eine Art Belohnung ausgedacht, wenn ich einmal dem Wunsch nach M. widerstehen kann. (Das ist leider nicht allzu oft.) Ich habe nämlich angefangen zu zeichnen. Das macht mir viel Spaß.

Ich habe übrigens das gleiche Problem wie »Ilona«. Mich fesselt nichts ganz. Sie schreiben, daß da ein leerer Raum entsteht. Genauso ist es bei mir. Das Zeichnen ist ja ganz schön, aber auf die Dauer füllt es mich nicht aus. Auch habe ich immer ein bißchen ein schlechtes Gewissen, wenn ich zeichne, weil ich dann immer denke: eigentlich müßtest du jetzt lernen.

Was ich auch nicht verstehe, ist folgendes: Was hat Hosentragen damit zu tun, ob ich mich als Mädchen annehme?

Wie soll ich mich überhaupt annehmen?

Ich laufe eigentlich immer in Hosen herum. Meine Freundin sagte neulich, daß es das achte Weltwunder sein müsse, mich einmal in einem Rock zu sehen.

Dann sagten Sie auch, Ilona solle bewußt mit ihrem Zyklus leben. Das kann ich nicht. Am liebsten würde ich den ganzen Zyklus und alles, was damit zusammenhängt, auf den Mond schießen. Man kann doch da nichts machen: nicht schwimmen gehen, nicht turnen. Außerdem bekomme ich immer ganz schreckliche Bauchschmerzen davon. Warum ist es so wichtig, damit bewußt zu leben?

In letzter Zeit kam M. ziemlich häufig vor. In den Sommerferien dagegen kaum. In der letzten Woche kam es kein einziges Mal vor – bis auf gestern abend. Da wollte ich einfach nicht widerstehen, und prompt war auch das Schuldgefühl wieder da.

Vielen Dank, daß ich Ihnen schreiben darf!

Ihre Joela

Liebe Joela!

Wir danken Dir für Deinen offenen Brief. Du hast unser Buch sehr genau gelesen und gute Schlüsse daraus gezogen. Die Idee mit der Selbstbelohnung ist großartig. Vielleicht solltest Du Dich auch für die Hausaufgaben mit Zeichnen belohnen, um kein schlechtes Gewissen haben zu müssen. Etwa so: Für jede Stunde Lernen erlaubst Du Dir eine Viertelstunde Zeichnen. Nebenbei erwähnst Du auch noch Turnen und Schwimmen. Vielleicht gibt es noch ein paar andere Dinge, die Dir Freude machen. Spielst Du kein Instrument?

Eins steht fest: Nichts ist für Dich jetzt wichtiger, als daß Du Dir auch Zeit nimmst für die Dinge, die Dir wirklich Freude machen. Dann wird auch das Lernen leichter gehen. Du siehst ja: In den Sommerferien, als Du viel Freude hattest und keinen Druck, hat M. so gut wie ganz aufgehört.

Freudlosigkeit ist die eine Wurzel von M. bei Dir, die nicht vollzogene Selbstannahme ist die andere.

Sich selbst annehmen heißt, ja zu sagen zu sich selbst, zu der unwiederholbaren Einmaligkeit, zu der Gott einen jeden von uns erschaffen hat. Dazu gehört das Jasagen zu Deiner ganzen Eigenart, zu Deinem Alter, Deiner Gestalt, Deinem Aussehen, Deinen Gaben und Grenzen – und eben auch zu Deinem Geschlecht.

Ehrlich – wärst Du im Geheimen nicht manchmal lieber ein Junge? Zwischen den Zeilen lesen wir das aus Deinem Brief. Möglicherweise ziehen Dich zur Zeit jungenhafte Mädchen mehr an, oder auch mädchenhafte Jungen.

Auch das gehört zu Deinem Alter mit dazu. Es liegt einfach daran, daß Du jetzt ungefähr die gleiche Menge männlicher Hormone hast wie weibliche. Bald wird das anders werden, und die weiblichen werden überwiegen. Dann ist der Punkt erreicht, wo Du Dich entscheiden mußt, ob Du Deine Weiblichkeit ausdrücken willst oder sie unterdrücken. Das Unterdrücken wird vermutlich M. verstärken. Das Ausdrücken könnte Dich mit soviel Freude erfüllen, daß M. jeden Reiz verliert.

Dieses Ausdrücken zeigt sich unter anderem eben auch in der Kleidung. Vielleicht ist es in diesem Stadium für Dich ganz angemessen, lieber Hosen zu tragen, ganz abgesehen davon, daß es in vieler Hinsicht wirklich praktischer ist, wie wir Dir gern zugeben. Aber eines Tages solltest Du doch entdecken, daß Gott Deinen Körper so geschaffen hat, daß ein schön fallendes Kleid oder auch eine Bluse und ein Rock dazu »paßt«, Deine »Linie« unterstreicht, zur Geltung bringt, Dir »steht«! Und dann solltest Du stolz und froh sein, ein Mädchen zu sein.

Weißt Du, wir glauben, daß diejenigen, die die Unterschiede zwischen den Geschlechtern einebnen und aufheben wollen, dies letztlich aus Angst tun. Sie haben Angst vor dem Anderssein des anderen. Sie sind zu schwach, um der Spannung standzuhalten, die dadurch entsteht.

Ist die Spannung aber aufgehoben, werden die Beziehungen zwischen den Geschlechtern langweilig und fad. Das gilt bis in die Ehen hinein, von denen viele deshalb so langweilig und unattraktiv sind, weil sich Frauen, die ihre Weiblichkeit verneinten, Männer als Partner wählten, die ihre Männlichkeit verneinten.

Zur Bejahung Deiner Weiblichkeit gehört aber auch Dein Zyklus. Du kannst ihn eben nicht »auf den Mond schießen«, denn er gehört zu Dir dazu, genauso wie Deine Sexualität. Vielleicht hast Du auch mit aus dem Grund »Bauchschmerzen«, gerade weil Du ihn auf den Mond schießen möchtest und nicht kannst.

Dabei denkst Du anscheinend bei dem Wort »Zyklus« ausschließlich an die Menstruation. Aber es gehört dazu der ganze wundersame Ablauf zwischen einer Monatsblutung und der nächsten, bei dem verschiedene Hormone wirksam werden, die Dich bestimmen bis in die Stimmungen hinein, und zwar gerade auch die guten Stimmungen, die hoffnungsfrohen, in denen Du Dich fühlst, als könntest Du die ganze Welt erstürmen.

Ingrid hat das in ihrem Buch »Mit Freuden Frau sein« ausführlich dargestellt. Du bist vielleicht noch etwas zu jung, um das ganze Buch zu lesen, aber im ersten und dritten Kapitel findest Du sicher manchen Hinweis, der Dir helfen kann, bewußt und bejahend mit Deinem Zyklus und nicht gegen ihn zu leben.

Eines Tages wirst Du entdecken, daß Du reich bist als eine Frau, viel reicher als ein Mann! Bedenke auch, daß es mit Deinem Zyklus zusammenhängt, daß Du Mutter werden darfst, daß Du die Gabe empfangen kannst, ein Kind zu tragen...

Schreibe wieder!

Dein Ehepaar T.

Zwischenwort

Zufällig hatte ich in der Nähe zu tun und konnte Joela und ihrer Mutter etwa ein Jahr nach diesem Briefwechsel einen Besuch abstatten. Ich kam in ein gutes, warmes Zuhause, in dem Ordnung und Geschmack herrschten. Joela hatte ein schönes, eigenes Zimmer, in dem sie sich wohl fühlte.

Die Mutter ließ mich gern mit Joela allein und stellte keine Fragen, weder nach dem Anlaß meines Besuches noch nach dem Inhalt unseres Gespräches. Offensichtlich hielt sie auch die zeitweilige Aggressivität der Tochter tapfer aus, ohne dabei in Panik zu geraten.

Im Gespräch mit Joela stellte sich heraus, daß sie völlig über die Selbstbefriedigung hinweg war. Zwei Dinge hatten ihr dabei geholfen. Einmal unser Briefwechsel. »Einfach die Tatsache,« sagte sie, »daß noch jemand darum wußte, ohne schockiert zu sein. Ich war nicht mehr allein damit.«

Zum anderen hatte Joela eine gute Freundin gefunden, etwas älter als sie, mit der sie alles besprechen konnte, was sie bewegte.

Das zeigt, daß in diesem Alter die Masturbation vor allem ein Einsamkeitssymptom ist. Das geht auch aus der folgenden Korrespondenz mit Matthias hervor.

9   Ich bin ein Einzelgänger

»Ich bin ein Einzelgänger und leide unter Kontaktlosigkeit.« – »Ich habe bisher alle Probleme mit mir
selber ausmachen müssen. Nur in diesem Brief äußere ich mich endlich einmal offen.« – »Vor ungefähr zwei Jahren fing ich an, mich selber zu befriedigen.«

Matthias Z., 16, Schüler, Vater starb nach der Geburt

Sehr geehrter Herr Trobisch!

Ich habe Ihr Buch »Liebe ist ein Gefühl, das man lernen muß« gelesen. Ich bin sehr angetan von diesem Buch. Deshalb wende ich
mich mit meinem Problem, an dem ich verzweifle, an Sie.
Ich bin sechzehn Jahre alt und habe eine Mutter und eine Schwester im Alter von siebenundzwanzig Jahren. Mein Vater starb vier
Tage nach meiner Geburt. Meine Mutter und Schwester haben
mich nie aufgeklärt, und ich habe bis jetzt alle Probleme, die in solche Richtung gingen, mit mir ausmachen müssen. Ich habe bis jetzt
niemanden, mit dem ich darüber reden kann, weil ich ein Einzelgänger bin und unter Kontaktlosigkeit leide. Ich glaube, ich
könnte kaum jetzt mit jemandem offen reden.

Nur in diesem Brief äußere ich mich endlich einmal offen, weil ich
glaube, das heißt, hoffe, daß Sie mein Problem verstehen.

Vor ungefähr zwei Jahren fing ich an, mich selber zu befriedigen.
Ich wollte es einfach einmal ausprobieren, ich weiß selber nicht,
wieso. Hinterher schäme ich mich immer unheimlich, aber tue es
doch immer wieder. Mein Wille reicht einfach nicht aus, aufzuhören. Ich ging sogar so weit, daß ich weglief. Allerdings mußte ich
deshalb vor einem halben Jahr ins Internat. Leider half dies auch
nichts.

Ich weiß einfach nicht, was ich machen soll, weil ich ein normaler Mensch werden will. Eigentlich schäme ich mich, diesen Brief zu schreiben, aber ich sehe darin eine Möglichkeit, durch Ihren Rat dieses Problem zu überwinden. Bitte, helfen Sie mir.

Ihr Matthias

Lieber Matthias!

Vielen Dank für Deinen offenen Brief, für den Du Dich absolut nicht zu schämen brauchst. Ich sende Dir zunächst einmal das Buch »Mein schönes Gefühl«, das ich zusammen mit meiner Frau geschrieben habe. Zwar handelt es sich dabei um ein Mädchen, aber die Ratschläge in bezug auf die Masturbation gelten grundsätzlich auch für einen Jungen. Bitte, lies es erst einmal und schreibe mir dann wieder.

Mit herzlichen Grüßen

Dein W. T.

Sehr geehrter Herr Trobisch!

Ganz herzlichen Dank für Ihre Zeilen und das Buch »Mein schönes Gefühl«.

Ich habe es inzwischen zweimal gelesen und empfunden, daß es mir in vielen Dingen genauso geht. Es tut mir leid, daß ich erst jetzt schreibe, aber ich hatte gedacht, daß ich durch die Einsicht, die einem dieses Buch gibt, die Sache überwunden hätte.

Leider muß ich feststellen, daß dies nicht so ist. Gestern habe ich es das erste Mal wieder gemacht. Ich weiß nicht, wieso, aber es kam einfach. Ich schäme mich deshalb sehr.

Ab jetzt will ich versuchen, durch die Ratschläge, die Sie in Ihrem Buch geben, davon wegzukommen. Vor allem dadurch, daß ich versuchen werde, mir nicht gleich immer jeden Wunsch zu erfüllen, und üben werde, bewußt auf bestimmte Dinge zu verzichten. Außerdem will ich ganz ernsthaft überlegen, was der Sinn meines Lebens ist, um ein klares Ziel zu haben.

Mit Erfolg habe ich bereits versucht, Abstände von zwei bis drei Wochen zu bekommen, und ich hoffe, daß ich durch Ihre Hilfe und die Hilfe Gottes ganz davon abkommen werde.

Ich bin Ihnen sehr zu Dank verpflichtet, weil Sie der einzige sind, mit dem ich offen reden kann.

Ihr Matthias

Lieber Matthias!

Nun, nachdem Du das Buch gelesen hast, will ich Dir auf Deine beiden Briefe antworten.

Zunächst ein Lob, daß Du mit solcher Energie und Willensstärke an Dir arbeitest. Allerdings hast Du das Buch mißverstanden, wenn Du meinst, Du könntest es durch die darin gegebenen Ratschläge von einem Tag auf den anderen überwinden. Es will nur eine allmähliche Entwicklung in Gang setzen, der Du Dich aber in feiner Weise gestellt hast. So große Abstände in so kurzer Zeit sind wirklich ein »Erfolg« und ein ganz entscheidender Schritt nach vorn in Richtung Selbstachtung und Selbstbeherrschung. Du brauchst Dich wirklich nicht zu schämen, und Du bist in keiner Weise »unnormal«.

Dennoch mußt Du, glaube ich, noch eine Schicht tiefer ansetzen. Du hast es sicher einen Grad schwerer als andere. Praktisch bist Du ja ein Einzelkind mit einer um elf Jahre älteren Schwester, und Einzelkinder haben es eben schwerer. Das mußt Du ganz nüchtern sehen und als den Dir von Gott geschickten Weg annehmen. Die Vaterlosigkeit hat Deine Einsamkeit noch verstärkt. Deshalb stellst Du Dir eine richtige Diagnose, wenn Du schreibst, daß Du ein Einzelgänger bist und unter Kontaktlosigkeit leidest.

Die Masturbation – ich nenne es nicht gern »Selbstbefriedigung«, weil es ja keine ist – ist bei Dir Ausdruck der Kontaktlosigkeit. Deshalb mußt Du an diesem Punkt ansetzen. Wenn es Dir gelingt, Deine Kontaktlosigkeit zu überwinden, dann wird das Masturbieren, das Dich ja nur immer wieder auf Dich selbst zurückwirft, schnell seinen Reiz verlieren.

Ich lege Dir ein abgezogenes Blatt bei, das Vorschläge macht, wie man Kontaktlosigkeit überwinden kann. Es ist ganz allgemein gehalten für eine breite Schicht von Menschen. Deshalb wirst Du Dich nur teilweise davon getroffen fühlen. Eigentlich ist es für den Berater gedacht und nicht für den Ratsuchenden. Aber Du bist schon so reif und so engagiert in der Arbeit an Dir selbst, daß Du Dein eigener Berater sein kannst.

Schreibe Dir – und mir – einmal heraus, wo Du Dich wiederfindest, und mache Dir dann einen regelrechten »Aktionsplan« mit den Dingen, die Du in die Praxis umsetzen willst. »Was nicht zur Tat wird, hat keinen Wert«, hat mal einer gesagt.

Wichtig ist dabei, daß es Dir Freude macht und Du es nicht als Last empfindest oder als eine Reckstange, an der Du Klimmzüge machen mußt.

Der »Sinn des Lebens« wird Dir dadurch nicht gegeben. Aber es könnte sein, daß er Dir mehr und mehr erkennbar wird und das »klare Ziel«, um das Du ringst, mehr und mehr ins Blickfeld rückt, je mehr Du handelst und aktiv wirst.

Ein geparktes Auto läßt sich nicht steuern. . .

Dein W. T.

Lieber Herr Trobisch!

Vielen Dank für den Brief und das beigelegte Blatt. Hier ist meine Antwort, was es mir gesagt hat in bezug auf meine Kontaktlosigkeit:

1.) Meine Schwierigkeiten:
Beim Zusammensein mit anderen stehe ich meistens im Hintergrund und warte, daß diese den ersten Schritt tun. Es ist mir peinlich, wenn ich herausgefordert werde, den ersten Schritt zu tun. Ich bin dabei oft verwirrt und hilflos. Vielleicht habe ich zu wenig Selbstwertgefühl und Selbstvertrauen.

Ich habe zwar oft Sehnsucht nach körperlicher Berührung, und doch habe ich auch wieder Abneigung dagegen.

Ich unterdrücke sehr oft den Ausdruck meiner Gefühle, bewußt und auch unbewußt.

2.) Die Ursachen meiner Schwierigkeiten:
Diese Schwierigkeiten habe ich vielleicht, weil ich irgendwie dazu erzogen wurde, niemals Gefühle offen zu zeigen. Ich hatte auch selten die Möglichkeit zu lernen, wie man Zuneigung ausdrücken kann, weil es in unserer Familie nie geschieht. Auch habe ich Angst, ausgenützt oder verletzt zu werden, wenn ich mich anderen gegenüber öffne.

3.) Ich will auf folgende Weise an einer Änderung arbeiten:

a) Ich will bewußt darauf achten, wie freundliche und ausdrucksfähige Menschen ihre Gefühle von Zärtlichkeit, Zuneigung, Dankbarkeit, Wertschätzung, Interesse und Liebe anderen mitteilen. Auch beim Lesen eines Buches oder beim Sehen eines guten Filmes oder Theaterstückes will ich das beobachten.

b) Wenn ich jemanden treffen werde, denke ich vorher an einige seiner Talente und Qualitäten, auch an das, was er in jüngster Zeit getan hat, so daß ich darauf Bezug nehmen kann, um ihm gegenüber in ehrlicher Weise Wertschätzung, Interesse und Dankbarkeit ausdrücken zu können. Ich will dann wirklich sagen, was ich mir zurechtgelegt habe, und die Hemmung überwinden, wenn er vor mir steht.

c) Gerade wenn ich den Impuls habe, jemandem auszuweichen, will ich tief atmen, an eine freundliche Bemerkung denken, nun gerade erst recht auf ihn zugehen, ihn begrüßen und die freundliche Bemerkung tatsächlich aussprechen.

d) Kurze körperliche Kontakte will ich üben, zunächst mit meinen Schulfreunden, aber auch mit meiner Schwester und Mutter.

e) Ich will mir bewußt machen, daß es anderen wahrscheinlich viel wichtiger ist, was ich von ihnen denke, als was sie von mir denken.

f) Meine Aufmerksamkeit will ich auf andere konzentrieren, indem ich auf ihre Sorgen und Probleme eingehe und auch indem ich meine eigenen mit ihnen teile.

g) Wenn ich in einer Gruppe bin, will ich nicht immer nur vor mich hinstarren, sondern mich von Zeit zu Zeit umsehen und die anderen bewußt und direkt ansehen.

h) Immer wenn ich Sympathie, Dankbarkeit, Zuneigung, Zärtlichkeit empfinde, will ich das, wenn irgend möglich, sofort ausdrücken. Falls ich es versäumt habe, will ich es bei der nächsten Gelegenheit nachholen, notfalls auch durch einen telefonischen Anruf oder durch eine Grußkarte. Mindestens will ich laut vor mich hinsagen, was ich gesagt haben könnte.

i) Ich muß lernen, daß auch schmerzliche und negative Gefühle einander näherbringen können. Gerade wenn ich denke: »Wozu soll ich ihn damit belasten« – tief durchatmen und hingehen. (Das denke ich nämlich oft!) – Sollten mich Barrieren von dem anderen trennen, will ich sie zur Sprache bringen, um sie wegzuräumen.

Soweit mein »Programm«. Sie dürfen mich nach einiger Zeit danach fragen, was ich bereits verwirklicht habe.

Ich habe damit schon begonnen, indem ich in den Weihnachtsferien auf Ski-Urlaub war. Ich war mit soviel Begeisterung dabei, daß ich fast alles um mich herum vergessen habe. Es hat mir so gut gefallen, daß ich jetzt fast jedes Wochenende, solange noch Schnee liegt, Skifahren gehe.

Fast jeden Abend bin ich jetzt mit meinen Klassenkameraden zusammen. Außerdem mache ich mit der ganzen Klasse einen Tanzkurs mit. Ich hoffe, daß ich durch das Finden von Freunden und das Leben in der Gemeinschaft von der Masturbation wegkomme.

Angst habe ich nur noch, wenn ich nach Hause komme, weil ich mich da meist einsam fühle.

Ich glaube, daß ich den Sinn meines Lebens noch nicht richtig erkannt habe. Einerseits will ich Gott dienen, und andererseits träume ich, wie wohl jeder Junge, von einem guten Beruf und einem Motorrad. Aber mit der Zeit werde ich sicher dahinterkommen.

Recht herzlichen Dank für die Mühe, die Sie sich mit mir machen.

Ihr Matthias

Lieber Matthias!

Mit Deinem Brief hast Du mir eine ganz große Freude bereitet. Du machst ja riesige Fortschritte!

Skifahren und Tanzen ist wahrhaftig die beste Therapie für Dich. Ich war gerade auch mit meiner Frau und meinen beiden jüngsten Kindern auf einem Ball, und es hat uns soo gut getan!

Ein guter Beruf und »Gott dienen« sind keine Alternativen. Du kannst in jedem Beruf Gott dienen – und übrigens auch mit jedem Motorrad. Wie das in meinem Leben aussah, kannst Du nachlesen in dem Buch meiner Frau »Mit Freuden unterwegs«.

Sei weiter mit Freuden unterwegs!

Dein W. T.

Zwischenwort

Ich habe lange geschwankt, ob ich den Aktionsplan von Matthias aufnehmen soll in das Buch oder nicht. Aber es gibt so viele, die sich die Frage stellen, wie man das eigentlich macht: an sich selber arbeiten.

Ich finde: Matthias gibt dafür ein großartiges Beispiel. Er setzt sich eben nicht aufs Selbstmitleidstöpfchen und sagt: »Ich armer Schlucker. Ich habe keinen Vater und keine altersnahen Geschwister und bin dazu noch in einem Internat. Kein Wunder, daß ich so bin, wie ich bin. Aber so bin ich nun eben, und da kann man nichts machen.«

Nein: Matthias arbeitet. Er macht sich einen Plan und handelt. Als er sich einmal geöffnet hatte durch den Brief an mich, war der Bann gebrochen. Sobald er das Gefühl hatte, daß es mit ihm vorangeht, kamen neue Freude und neue Kraft über ihn.

Ob mancher ausgewachsene »Erwachsene« sich an diesem Sechzehnjährigen ein Beispiel nimmt? Meine Frau sagte, als ich das Manuskript dieses Buches im Familienkreis vorlas, sie habe hohe Achtung vor diesem Jungen, und mein Sohn sagte spontan: »Das ist ein reiner Mensch!«

Das Schönste aber sagte meine Tochter: »So einem sind die Gefühle von uns Mädchen mit Recht egal.« Sie meinte das durchaus positiv: hier verzettelt sich einer nicht in Liebeleien, sondern geht gerade auf sein Ziel zu.

Die Vaterlosigkeit ist allerdings ein schweres Schicksal. Wahrscheinlich ist sie für das Mädchen noch schwerer zu ertragen als für den Jungen. Das zeigt der Briefwechsel mit Johanna.

10 Mein Vater haßt mich

>»Warum wird ein Mensch geboren, wenn er nicht geliebt wird?« – »Mein Vater war kalt zu mir, richtig kalt – und gerade ihn hab' ich am meisten geliebt.« – »Jetzt sitze ich da und blicke mit großer Angst meiner nächsten Menstruation entgegen.« – »Ich wünsche mir manchmal, ich wäre in den Wechseljahren.«
>
> Johanna G., 16, Eltern geschieden

Lieber Walter!

Ich habe keine Ahnung, wie alt Du bist, aber jetzt muß ich Dir einfach schreiben, was ich schon längst hätte machen sollen. Ich habe von Dir das Buch »Liebe ist ein Gefühl, das man lernen muß« gelesen. Ich weiß nicht mehr so richtig den Inhalt, aber so viel weiß ich noch, daß ich es sehr, sehr gut fand. Es hat mir so sehr geholfen, und ich wollte es kaufen, aber ich bekomme es nirgends.

Ich bin so verzweifelt, ich weiß wirklich nicht mehr weiter. Warum wird ein Mensch geboren, wenn er nicht geliebt wird? Man bleibt einfach allein. Weißt Du, was das heißt? Allein sein, immer allein! Natürlich habe ich eine Mutter und zwei Geschwister, die mich gern haben. Aber warum bekam ich nie die Liebe von meinem Vater? Ich liebe ihn so. Ich hab ihn so geliebt. Aber er haßt mich, und wie! Es klingt wirklich verrückt, wenn man alles hat (ein Zimmer für sich, man kann in die Schule gehn, braucht nicht hungern oder dürsten), aber ich bin so allein. Es ist grausam, wenn Liebe fehlt. In mir ist alles eine tote Stille.

Meine Eltern sind seit acht Jahren geschieden, und ich und meine Geschwister leben bei meiner Mutter (meine Schwester ist jetzt verheiratet). Verheiratet!!! Sie hat nie leiden müssen in diesem Punkt so wie ich. Damals hatte sie ihren jetzigen Mann kennengelernt und ist so gut über die ganze Sache mit meinen Eltern hinweggekommen. Damals durfte ein Mädchen nicht mit mir spielen, weil meine Eltern in der Scheidung standen, und das hat sie mir mitten auf der Straße gesagt. Ich bin damals heimgerannt und hab' so geweint. In mir ist eine ganze Welt von Träumen zusammengebrochen.

Da erst begriff ich, daß ich meinen Vater für immer verlieren werde. Es war so schlimm für mich, obwohl ich ihn nicht kannte. Ich hab ihn vielleicht zehnmal gesehn, seit ich mich erinnern kann. Er war kalt zu mir, richtig kalt, und gerade ihn hab ich am meisten geliebt.

Als mir das Mädchen das damals gesagt hatte, bin ich weinend heimgerannt, blind von Tränen bin ich in die Küche gestürzt und hab leider meine Schwester erst viel zu spät bemerkt. Sie hatte so lang auf mich eingeredet, bis ich ihr alles erzählt hatte. Dann sagte sie zu mir, sie hätte ihren Freund, und es würde ihr überhaupt nichts ausmachen, was die Leute sagen. Sie sagte noch: »Irgendwann wird dir einmal ein Mann begegnen, der dich liebt und dem es nichts ausmacht, daß unsere Eltern geschieden sind.« Und an diesen Satz hab ich mich geklammert. Und in letzter Zeit frage ich mich immer wieder: »Was will Gott von dir, Johanna?« Warum läßt er mich so leiden? Er sieht doch, daß ich mich so quäle. Ich weiß nur, daß ich es jetzt nicht mehr lange aushalten kann. Ich werde krank werden. Ich spür es jetzt schon. Letztes Jahr war es ganz schlimm, ich bin immer in der Schule zusammengebrochen und hab mich übergeben. Die Ärzte konnten nicht feststellen, was ich habe. Aber ich wußte es, ich wollte geliebt werden und lieben. Ich hab mich so angestrengt. Ich habe jeden geliebt und brachte es dann auch so weit, daß viele Mädchen und Jungen zu mir kamen mit ihren Problemen. Sie weinten sich aus bei mir (wie ich es jetzt bei Dir tu, obwohl es schon 11 Uhr ist und meine Mutter denkt, ich schlafe). Ich habe mein Problem zurückgedrängt und hab gedacht, jetzt wird es bald vorübergehen. Aber es ist nicht besser geworden. Ich leide, ich leide seelisch so sehr und hasse mich selbst, daß ich mit niemand darüber reden kann oder will. Ich bin zwei Personen, ich kann so leben, daß mir es niemand ansieht, was ich denke. Ich bin nicht glücklich.

Vor kurzem bin ich sechzehn Jahre alt geworden und hab mich gefragt: Seit acht Jahren schaut dich Gott an, er sieht zu dir herunter. Ich weiß nicht, was ich alles noch gedacht hatte, nur eins wußte ich: Gott liebt dich nicht mehr, nie mehr, er hat dich auch verlassen – und dann hab ich so geweint. Ich frage mich oft, warum Gott meinem Selbstmordversuch vor einem Jahr nicht nachgab.

Ich bin so durcheinander, bitte verzeih mir, aber ich bin so durcheinander. Das Gefühl, das in mir kocht, es zerschlägt alles, einfach alles. Meine Jugend ist dahin, ohne daß ich glücklich war.

Ich weiß nicht, ob Du es bist, der das Buch »Ich liebte ein Mädchen« geschrieben hat. Aber kennen wirst Du es bestimmt. Ich freu mich für diese Menschen. Aber ich klage Gott an, jawohl ich tu es, obwohl mein Herz gebrochen ist und ich mich schäme für diese Worte. Am liebsten würde ich um Vergebung bitten, Vergebung bei Gott, dem Allmächtigen, den ich so liebe, aber es ist kalt wie bei meinem leiblichen Vater, wenn ich sage: »Ich liebe dich.« Aber ich klage, weil ich nicht weiß, was Gott mit mir machen will. Es wird eine tiefe Wunde bleiben mein ganzes Leben lang, all diese Jahre, wo ich so allein war und jetzt noch bin.

Meine beste Freundin, ich liebe sie, ist Brasilianerin und ist für immer zurück nach Brasilien. Sie ist weg, weg von meinem Leben. Ich vermisse sie sehr. Das kleine Leben, das sie mir wieder schenkte, zersplitterte in tausend Teilchen. Sie ist doppelt so alt wie ich, und trotzdem verstanden wir uns so gut.

Ich weiß gar nicht, ob ich eine Antwort von Dir erwarten darf. Aber durch das Buch verehre ich Dich ein bißchen, weil Du Dinge so ausdrückst, wie sie sind. Ich wünsche Dir von ganzem Herzen Gottes Segen über Dein Haus.

Es grüßt von ganzem Herzen

Johanna

PS: Danke für alles, was Du tust. Ich hab so ein Gefühl, daß Du Pfarrer bist.

Liebe Johanna!

Ich danke Dir für Deinen Brief. Du hast richtig gefühlt, ich bin tatsächlich Pfarrer – über fünfzig Jahre alt und habe selbst fünf Kinder, einige jünger, einige älter als Du. Ich lege Dir ein Familienbild bei, damit Du einen Eindruck hast.

Es ist sicher gut, daß Du einmal Deinen ganzen Kummer und Schmerz hingeschrieben und herausgeschrien hast. Ich habe Dir aufmerksam zugehört. Sicher hast Du ein ganz besonders schweres Schicksal. Aber beim Lesen Deines Briefes und beim Überdenken Deines Weges kam mir das Wort in den Sinn: »Gott legt uns eine Last auf, aber er hilft uns auch.« (Ps. 68,20)

Eins darfst Du ganz sicher wissen: Gott ist nicht »kalt« wie Dein Vater, sondern »warm«. Er hat Dich ganz tief lieb, und Du kannst nie tiefer fallen als in die Hände dieser Liebe. Das darfst Du fest glauben, auch wenn Du es jetzt noch nicht erfühlen kannst. Ich möchte Dir zurufen: »Fürchte Dich nicht, glaube *nur*.« Nur-glauben heißt: glauben, selbst gegen Augenschein und Gefühl.

So schwer Deine Last auch ist, Du darfst Dich nicht von ihr dazu verführen lassen, Selbstmitleid zu haben und Trübsal zu blasen. Dadurch ändert sich nichts. Weil Gott Dich liebt, kennt er Deine Tragkraft ganz genau, und was er Dir auferlegt, kommt aus seiner liebenden Hand und ist kein Gramm schwerer, als Du tragen kannst. Ich glaube eher, daß Gott etwas ganz Besonderes mit Dir vorhat. Ich könnte mir denken, daß er Dich dazu heranbilden will, daß Du später einmal Menschen helfen kannst – vielleicht besser als ich –, die mit dem Verlust ihres Vaters und der Scheidung ihrer Eltern nicht fertig werden.

Offensichtlich hat Gott Dir eine Gabe dazu gegeben, denn Du schreibst ja selbst, daß andere schon zu Dir kommen, um sich einmal bei Dir auszuweinen. Das ist mit sechzehn Jahren etwas ganz Außerordentliches und Ungewöhnliches. Die Menschen fühlen irgendwie, daß Du sie verstehst, weil Dich Dein Leid geprägt hat.

An dieser Gabe muß Du weiterarbeiten. Vielleicht erwächst aus ihr die Aufgabe Deines Lebens – Dein ganz besonderer Auftrag von Gott her. Darum mußt Du lernen, Dein Leid zu lieben als das Kostbarste, das Dir anvertraut ist.

Damit Dir das gelingt – es wird eine lange Arbeit sein –, kommt jetzt alles darauf an, daß Gott ganz persönlich und ganz konkret Dein Vater wird. Es könnte sein, daß Dir eine viel tiefere Gottesbeziehung geschenkt wird als anderen, die noch einen irdischen Vater haben.

Dazu ist es notwendig – Deine Not wendend –, daß Du täglich, am besten als erstes am Morgen, das Gespräch mit Deinem himmlischen Vater suchst, Dich von ihm anreden läßt – er nimmt sich Zeit für Dich – und ihm antwortest, mit ihm redest.

Ich schicke Dir ein kleines Büchlein, die Herrnhuter Losungen. Darin findest Du für jeden Tag ein Wort aus dem Alten Testament und ein dazugehöriges Wort aus dem Neuen Testament. Lies jeden Tag diese Worte, als spräche Dein himmlischer Vater mit Dir, seiner Tochter, und antworte ihm dann, indem Du Dir in ein kleines Heft die Antworten auf folgende vier Fragen notierst:

1. Wofür machen mich diese Worte dankbar?
2. Worin korrigieren sie mich?
3. Wofür und für wen veranlassen sie mich zu beten?
4. Was bedeuten sie für mein Handeln heute?

Du wirst sehen, wenn Du Deinen Tag mit diesem Gespräch beginnst, daß dann das Gefühl der Kälte und des Alleinseins weicht. Es wird Dir sein, als ginge Dein himmlischer Vater den ganzen Tag lang unmittelbar neben Dir her.

Ganz herzlich

Dein W.T.

Lieber Vater,

darf ich Dich so anreden? Da Du selber eine Tochter in meinem Alter hast, finde ich das richtiger als »Lieber Walter«, zumal ich Dich ohnehin schon geduzt habe und Du das angenommen hast. Außerdem hast Du wirklich wie ein Vater in Deinem Brief zu mir geredet.

Was Du im letzten Abschnitt geschrieben hast, kann ich noch nicht glauben. Aber vielleicht lerne ich es durch Dich.

Dein Brief hat mich froh gemacht, und dennoch kommt immer wieder eine Traurigkeit über mich, zumal ich dann um so mehr an meinen leiblichen Vater denken muß. Es regnet, und ich habe das Gefühl, daß jeder Tropfen eine Träne von meinem innersten Kern ist. Ich habe ein Gedicht geschrieben, das ich Dir mitschicken will, und an meinen leiblichen Vater habe ich geschrieben, aber nur so für mich. Ich schicke den Brief nicht an ihn ab. Nein, ich werde es nicht tun, aber ich will Dir alles schreiben, wie ich zu ihm geschrieben habe, weil ich das wieder so stark fühle und mich so sehr nach Liebe sehne. Wie schwer fällt es mir zu warten. Es ist ein Weg durch die Hölle für mich.

Mein Vater,

mein Vater, ich habe Dich von Kindheit an geliebt, doch als Du meine Zuneigung erkanntest, steigerten sich Dein Haß und Deine Abneigung noch mehr. Vater, ich liebte Dich doch, trotz aller Schläge und lieblosen Worte, die von Deinem Munde so oft kamen. Mein Herz war so voller Hoffnung, ja es bestand geradezu nur noch aus Hoffnung, aber Dein Verhalten fraß langsam alles auf, meine ganze Liebe, meine Hoffnung, und wenn ich jetzt an Dich denke, bleibt mein Herz kalt, wo es früher vor Freude gezittert hat.

Lange Zeit habe ich geglaubt, daß ich Dich ganz vergessen hätte, daß Du mir gleichgültig geworden bist; aber mein Leben hat mir einen dicken schwarzen Strich durch meine Gedanken gezogen; denn als Du einmal anriefst, als ich Deine Stimme ganz nah an meinem Ohr hörte, zerriß in mir alles. Wie ein Film, lieber Vater, sah ich dann alles vor mir.

Damals als Du Mama geschlagen hast, als Du sie töten wolltest, mich töten wolltest, Deine kalten, unendlich weit entfernten Worte, Deine kalten Blicke. All das sah ich vor mir, und, Vater, trotzdem war ich glücklich, Deine Stimme zu hören. Vater, ab da wußte ich, ich kann Dich nie vergessen, obwohl Du mir von Anfang an ein Fremder gewesen bist, obwohl Du mein Leben zum Quälen verbannt hast. Vater, ich liebe Dich trotz allem.

Wie glücklich war und bin ich gewesen, als ich die liebevollen Väter meiner Freunde und Bekannten sah, ohne Neid und Eifersucht sah ich ihnen zu. Aber hinterher, als ich allein war, auf der Straße, beim Einkaufen, in der Schule, abends auf meinem Bett sitzend, ja sogar mitten in Menschenmassen, spürte ich Schmerzen, Vater, die Du mir, gewiß unbewußt, für mein ganzes Leben gabst. Oft weinte ich mitten unter Menschen, stand da und saß, lief und sehnte mich so sehr nach Deiner Liebe; mir liefen die Tränen eimerweise herunter. Ich hatte keine Gewalt mehr über meinen Körper und weinte oft stundenlang, und hinterher war ich nicht erlöst, sondern die grausamen Erlebnisse fraßen mein »Ich«. Es war viel schlimmer als die Folter.

Geliebter Vater, ich habe tausend Fragen an Dich, aber wozu soll ich sie stellen, Du selbst weißt keine Antwort darauf. Es ist alles geschehen. Wenn Du dies lesen würdest, wäre es Dir vielleicht gleichgültig oder Du wolltest alles wieder gutmachen. Aber es geht nicht, Vater. Was man einmal getötet hat, kann man nicht wieder lebendig machen. Es bleibt tot.

Tausend Fragen liegen mir auf der Zunge, aber ich will sie nicht aussprechen. Ich werde sie niemandem sagen, und sie werden weiterhin eine große Last für mich sein. Eine Last, die ich zu tragen habe, unter der ich oft zusammenbreche, schreiend und weinend liegenbleibe.

Vater, ich bin noch sehr jung, aber ich weiß nicht, wie ich weiterleben soll. Ich habe Angst, daß Du einmal wiederkommen würdest, mich und Mama zu töten. Jetzt merkst Du, daß ich gern leben will, daß meine Seele nach Leben schreit.

Vater, Du glaubst ja nicht, daß es eine Seele gibt. Aber bist Du nicht auch ohne Mutter groß geworden? Verzeih! Nun kam doch eine Frage über meine Lippen. Vater, um wieviel mehr hättest Du mir doch das geben können, was Du als Kind vermißt hast, anstatt mich in ein noch schlimmeres Leben zu verbannen, das Bewußtsein zu haben, daß Du mich haßt, daß Du mir mein Leben nehmen wolltest.

Vater, mein Vater, den ich liebe und von Anfang an geliebt habe, ich klage dich nicht an, aber Du sollst wissen, daß mein Leben verzweifelt ist, daß ich suche, suche nach Liebe, die mir aber niemand mehr geben kann, weil es zu spät ist.   Johanna

Zwischenwort

Ich habe Johanna geraten, diesen Brief doch an ihren Vater zu schicken. Sie hat es nicht getan. Aber es war wohl schon heilend, daß sie ihn geschrieben hat und daß jemand da war, an den sie ihn schicken konnte.

Ich wünschte, alle Eltern würden ihn lesen, die eine Scheidung erwägen, vor allem aber alle Väter. Scheidung der Eltern heißt für das Kind: Jemand nimmt eine Axt und spaltet es in der Mitte durch.

Mich persönlich hat der Brief ermahnt, nicht zu gering von meiner Rolle als Vater zu denken und mein Vatersein bewußt und freudig zu bejahen.

Auch Johanna konnte ich einmal kurz besuchen. Dabei stellte ich fest, daß sie meinen Vorschlag eines täglichen Gesprächs mit ihrem himmlischen Vater treu befolgt hatte. Sie hatte ein ganzes Heft mit Antworten auf jene vier Fragen und zeigte es mir nicht ohne Stolz.

Nach einiger Zeit kam jedoch ein Brief an meine Frau, der das Thema wechselte, den ich aber bewußt mit in dieses Buch aufnehmen möchte, da so viele sechzehnjährige Mädchen Schwierigkeiten haben mit ihrem Zyklus. Auch finde ich, daß es gar nicht verkehrt ist, wenn auch die Jungen davon eine Ahnung bekommen.

Liebe Ingrid!

Gerade jetzt zwinge ich mich, Dir zu schreiben. Ich habe noch einmal das Buch »Mein schönes Gefühl« gelesen und wurde sehr, sehr traurig. Ich habe Walter geschrieben, daß ich Dir nach Eurer Reise einmal schreiben möchte, aber ich kann nicht warten, es muß einfach heraus.

Ich bin sehr gern ein Mädchen und möchte um keinen Preis ein Junge sein. Aber langsam fange ich an, meinen Zyklus zu hassen. Ich hatte mit 11 Jahren meine erste Periode erlebt. Ich wußte eigentlich nicht, was das auf sich hatte, nur fühlte ich Freude, die ich nie wieder gespürt hatte.

Sie stillte dabei auch meine Sehnsucht. Es war so ein inniges tiefes Gefühl vom Körper her. Dabei strahlte auch eine warme Flut in mir heraus. Ich werde nie meine Augen vergessen, die mir in diesem Moment im Spiegel entgegensahen. Ich war glücklich. Wirklich glücklich.

Mit 14 Jahren begann es, daß ich fürchterliche Schmerzen hatte. Mit 15 Jahren ging ich zum Frauenarzt.

Er war sehr sanft und hat mir Hormontabletten verschrieben. Jeden Tag eine und während der Menstruation keine, und das drei Monate lang! Die Schmerzen gingen weg, aber ich stellte mit Entsetzen fest, daß meine Oberweite in dieser Zeit beträchtlich zunahm. Nun kann ich Frauen mit großen Busen absolut nicht ausstehen. Sie kommen mir immer so aufdringlich vor. Also war ganz klar – keine Tabletten mehr! Ich hoffte natürlich, daß meine Oberweite wieder kleiner würde; als das nicht eintrat, war ich lange deprimiert und habe mich wochenlang von meinen Freunden zurückgezogen. Ich war gehemmt.

Es ist sehr ulkig, was ich damals alles unternahm. Z. B. schlief ich die ganze Nacht auf dem Bauch, und wenn ich morgens aufwachte und merkte, daß ich während dem Schlafen mich umgedreht hatte, zog ich vor lauter Wut einen BH an, der 1 oder 2 Nummern kleiner war. Das ließ ich dann aber bald sein, weil meine Haut sich wehrte und offene Wunden entstanden.

Heute tue ich es ab und zu mal wieder. Ich schäme mich richtig und habe einen Zorn auf den Arzt, mich einfach so zu verändern, daß ich mich nicht mehr leiden kann. Vor einem Jahr hat sich das alles abgespielt.

Und jetzt sitze ich da und blicke mit großer Angst meiner nächsten Menstruation entgegen, denn es sind solche wahnsinnigen Schmerzen, daß ich schon auf die Idee gekommen bin, ob das nicht Wehen sind. Vielleicht ist das bei manchen Frauen so ausgeprägt, daß sie nicht nur bei einer Geburt Wehen haben, sondern auch bei der Menstruation? Könnte das sein?

Meine letzte Periode hatte ich genau vor der Erdkundearbeit! Kannst Du Dir vorstellen, was da in mir alles vorging? Konzentration war sowieso dahin, aber dann auch noch ruhig sitzen! Das fällt mir sowieso am schwersten, weil dann der Krampf noch viel schlimmer wird. Ich habe abends so geweint und hatte einen Haß auf die ganze Männerwelt. So was müssen wir Mädchen aushalten, ob wir wollen oder nicht, und die Jungen denken immer, die Frauenwelt gleicht einer launischen Welt. Ich wünsche mir manchmal, daß jeder Mann einmal in seinem Leben eine Periode hat mit solchen Schmerzen, daß sie es am eigenen Leib spüren können. Mal sehen, ob sie dann nicht in der launischen Welt mitten drinsitzen!!

Das klingt alles sehr gehässig, ich weiß es. Aber was soll ich tun? Ich verstehe sowieso nicht, daß es drei Jahre mit der Menstruation gut ging und dann so eine Wandlung! Ich möchte Dich fragen, ob es irgend etwas gibt, daß die Schmerzen weggehen, ohne ein oder zwei Tage im Bett zu liegen mit einer heißen Bettflasche auf dem Bauch. Es ist mir sehr peinlich, daß das meine Umwelt mitbekommt, was bei mir läuft. Wer lebt da noch gern als Mädchen? Ich nicht! Ich bin unglücklich darüber und wünsche mir manchmal, ich wäre in den Wechseljahren. Als aufgegangene Dampfnudel fühle ich mich nicht wohl! Schon gar nicht im Sommer.

Bitte, antworte mir!

Johanna

Zwischenwort

Da meine Frau kurz vor einer Reise stand und sich selbst auch nicht ganz kompetent fühlte, leitete sie Johannas Brief an einen uns befreundeten Gynäkologen, Herrn Dr. med. Vollman, weiter, der sich die Mühe machte und Johanna ausführlich antwortete.

So entspann sich folgender Briefwechsel zwischen ihm und Johanna:

Liebes Fräulein G.!

Frau Ingrid Trobisch hat mich gebeten, Ihren letzten Brief zu beantworten. Ich bin ein Gynäkologe, der sich besonders für die Entwicklung der Frau interessiert.

Die Schmerzen, die Sie plagen, werden von der Gebärmutter ausgelöst. Sie vermuten ganz richtig, daß sie eine Art Wehen sind. Man kann die Periode auch in anderer Beziehung ganz allgemein mit einer Geburt vergleichen oder besser mit einer Fehlgeburt, denn die Gebärmutter stößt während der Periode das für eine Schwangerschaft vorbereitete Nest, die Gebärmutterschleimhaut, aus.

Fast alle jungen Frauen haben während der Periode leichte Bauchschmerzen, Krämpfe, Urindrang und manchmal auch Abführen. Manche Frauen leiden an schweren Koliken und Wehen, über deren Ursachen wir leider sehr wenig wissen.

Daß Sie in den ersten Jahren keine Krämpfe hatten, hängt damit zusammen, daß damals Ihre Eierstöcke noch nicht richtig funktionierten. Wahrscheinlich fand auch keine Eireife statt. Durch die Hormontherapie (Pille) hat der Sie behandelnde Arzt diesen kindlichen Zustand künstlich zurückgerufen. Damit ist Ihnen aber nicht geholfen, denn Sie wollen und können von Natur aus nicht lebenslang ein Kind bleiben.

Die Vergrößerung der Brüste ist möglicherweise durch die gleiche Behandlung hervorgerufen worden, vielleicht aber auch durch Ihre ganz natürliche Entwicklung. Vielleicht übertreiben Sie aber auch ein bißchen, weil Sie sich als Mädchen durch die Brüste exponiert fühlen oder weil Ihre Brüste Sie an die nächste Menstruation erinnern. Betrachten Sie doch einmal Ihre Freundinnen und Klassenkameradinnen hinsichtlich deren »Oberweite«, vielleicht finden Sie darunter noch größere Brüste.

Nun ein paar praktische Ratschläge:

1. Treiben Sie regelmäßig Frauensport, einmal wöchentlich in einer Gruppe und jeden Abend zu Hause vor dem Zubettgehen. Am besten wäre es, Sie könnten einen intensiven Kurs rhythmischer Frauengymnastik absolvieren. Fahren Sie täglich eine halbe Stunde heftig Fahrrad, am besten bergauf.

2. Diät: Nehmen Sie KEINERLEI »Abmagerungspillen«. Essen Sie VIEL eiweißhaltige Nahrungsmittel (mageres Fleisch, Leber, Fisch, Käse, Quark, Milch). Trinken Sie *reichlich* warme Flüssigkeiten (Milch, Pfefferminztee, Hagebuttentee mit Zitrone, möglichst wenig Zucker). *Kaffee* und *Schwarztee* meiden.
   Viel Obst und grünes Gemüse, Salat.
   WENIG: fette Speisen, süße Speisen, Schokolade, Teigwaren, Brot und andere Backwaren.

3. In den Tagen VOR der Periode gehen Sie früh zu Bett, Kopf tief-, Becken und Beine hochlagern. Schon vor der Periode jeden Abend ein warmes, feuchtes Frottiertuch auf den Bauch legen und darüber die warme Bettflasche.

4. Kleidung: Füße, Beine, Becken vor der Periode immer warm halten. Warme Unterkleidung. Keine engen Schuhe, keine Stiefel, keine engen Gürtel. Nicht Moped fahren.

5. Im Notfall, aber nur dann, Schmerztabletten nehmen, am besten Spasmo-Cibalgin.

Hat Ihnen Frau Trobisch von der Temperaturmessung geschrieben?

Wenn Sie jeden Morgen vor dem Aufstehen Ihre Aufwachtemperatur messen, werden Sie feststellen, daß sie während der Ovulation, wenn sich die Eizelle vom Eierstock löst, ein wenig ansteigt. Etwa zwei Wochen später, kurz vor der Regelblutung, sinkt sie wieder. Deshalb kann Ihnen das Messen helfen, sich darauf einzustellen.

Soviel für heute. Sie werden Fragen haben – bitte schreiben Sie mir.

Mit guten Wünschen

Ihr Rudolf F. Vollman

Lieber Herr Vollman!

Heute habe ich mir Mut gefaßt und schreibe Ihnen, weil ich immer mehr Schwierigkeiten bekomme mit meiner Periode.

Aber zuerst möchte ich Ihnen ganz herlich für Ihren Brief danken. Ich bin sehr froh, daß ich mit diesen Problemen zu Ihnen kommen kann und daß Sie mir so wertvolle Ratschläge geben.

Über den Sommer bin ich recht viel Fahrrad gefahren und habe Sport getrieben. Kurz vor dem Eintreten meiner Periode habe ich mich warm gehalten und mein Becken hochgelagert. (Ich habe das so gemacht, daß ich mein Kopfkissen einmal zusammenfaltete und mein Becken darauf gelegt habe.)

Durch die Temperaturmessung konnte ich sofort feststellen, wann die Blutung einsetzte. Das war eines meiner schönsten Erlebnisse in diesem Sommer! Ich hatte auch überhaupt keine Schmerzen oder nur ganz schwach, so daß ich meinen Tagesplan trotzdem ausführen konnte.

Und jetzt habe ich noch eine Frage, die mir etwas peinlich ist, weil ich nicht weiß, ob sie etwas dumm ist.

Hoffentlich verstehen Sie mich. In den ersten Tagen meiner Periode, wo es sehr stark blutet, sind so Blutklumpen dabei, die meistens am 3. und 4. Tag weg sind. Wenn die rausgeschwemmt werden, habe ich von innen heraus einen Druck, der manchmal sehr schmerzhaft ist. Ich habe schon Verschiedenes probiert, um es zu mildern, aber es ist das Beste, wenn ich ganz ruhig stehen bleibe und warte, bis es vorüber ist. Es ist mir sehr unangenehm, und manchmal überkommt mich auch ein Schwächegefühl. Vielleicht können Sie mir darüber etwas schreiben. Ich bin sehr glücklich, Ihnen schreiben zu dürfen.

Liebe Johanna G.!

ich habe Ihren Brief erhalten und will gleich darauf antworten.

Es war doch interessant, wie Sie am Ablauf Ihrer eigenen Temperatur beobachten konnten, wie Ihr Körper funktioniert.

Die Periode ist nicht nur eine Blutung. Im Gegenteil, die Blutung ist eigentlich nebensächlich. Nach der Eireife bereitet sich die Gebärmutterschleimhaut, die innerste Schicht der Gebärmutter, auf eine mögliche Schwangerschaft vor. Die Schleimhaut wächst, wird dicker und mit speziellen Nährstoffen angefüllt. Wenn's keine Empfängnis gegeben hat, sind diese Vorbereitungen überflüssig geworden. Wenn das der Körper merkt, sinkt die Temperatur, und das Nest wird abgebrochen, d. h. die Schleimhaut wird ausgestoßen. Dadurch entsteht in der Gebärmutter eine kleine Wunde, aus der es blutet, eben die Periode. Die Ausstoßung wird durch periodische Zusammenziehungen der Gebärmutter hervorgerufen, ähnlich den Wehen am Anfang einer Geburt.

Mit freundlichen Grüßen

Ihr Rudolf F. Vollman

Zwischenwort

Aus dem Briefwechsel zwischen Johanna und Dr. Vollmann habe ich gelernt, daß der Rat, bewußt und bejahend mit dem Zyklus zu leben, viel zu spät gegeben wird. Oft meinen wir, die Temperaturmessung sei allenfalls für Verheiratete nützlich zum Zweck der Empfängnisregelung.

Sechzehn Jahre ist wahrscheinlich das richtige Alter, um damit zu beginnen. Es ist auf jeden Fall eine Hilfe zur Selbstannahme der Frau, auch wenn sie nicht heiratet. Für die Ehe aber ist es eine gute Vorbereitung.

Johanna hat es geholfen, sich selbst als Mädchen anzunehmen, und das hat sich dann auch entkrampfend auf die Schmerzen ausgewirkt, wie sie uns später bestätigte.

Eine Linie aus ihrem ersten Brief wurde jedoch noch nicht aufgenommen. Den Weggang ihrer Freundin nach Brasilien beschrieb sie mit den Worten: »Das kleine Leben, das sie mir schenkte, zersplitterte in tausend Teilchen.«

Sicher hätte Johanna vieles leichter durchgestanden mit einer Freundin. Schon mehrfach habe ich auf die Wichtigkeit der gleichgeschlechtlichen Freundschaft in diesem Alter hingewiesen.

In den nächsten beiden Briefwechseln wird sie zum Hauptthema.

11 Bei mir zu Hause ist öfters Krach

»Wenn ich mit meinem Freund zusammen bin, empfinde ich so etwas wie eine starke Sehnsucht.« – »Bei mir zu Hause ist öfters Krach. Am liebsten würde ich ausziehen und mit meinem Freund zusammenwohnen.« – »Was ist der Unterschied zwischen Pollution und Masturbation?«

Ullrich U., 16, Schüler, Freund 17

Sehr geehrter Herr Trobisch,

ich schreibe Ihnen, weil ich viele Fragen habe und glaube, daß Sie sie am ehesten beantworten können.

Mein Problem ist die Masturbation. Ich habe schon mit vielen darüber gesprochen, aber ich bin immer noch davon abhängig.

Ich bin sechzehn Jahre alt, bin seit einigen Jahren Christ und gehe in die Gemeinde.

Vielleicht bin ich am Lösen meines Problems. Auf jeden Fall habe ich gesehen, daß ich es nicht schaffe, auf einmal davon loszukommen. Ich versuche es jetzt immer stückweise. Wenn ich jeden dritten Tag nur masturbiere, ist das für mich schon ein Erfolg. Aber ich sehe auch kein richtiges Ziel.

Ich bin so ein halbes Einzelkind. Ich habe zwar noch zwei Brüder, aber der eine ist schon 31 und der andere 26. Ich habe also wenig Kontakt zu meinen Brüdern. Ich spiele Gitarre und gehe zur Schule.

Mein Wunsch ist es, daß ich einen Bruder hätte, der ein bißchen älter oder jünger wäre, und daß ich mit ihm zusammen in einem Zimmer wohnen würde. (Ich habe ein Zimmer für mich allein.)

Ich habe einen Freund aus der Gemeinde. Er ist auch Christ. Mit ihm bin ich öfters zusammen. Alle paar Wochen schlafe ich am Wochenende bei ihm oder er bei mir. Und hier ist die erste Frage.

Ich habe das Buch »Mein schönes Gefühl« gelesen. Dort schreiben Sie von drei Phasen, die der Mensch in der Pubertät durchläuft. Die zweite Phase ist die der intensiven Freundschaft unter Gleichgeschlechtlichen. Wie ist das mit dem »Zärtlichkeiten – Austauschen«? Was ist darunter speziell gemeint? Warum geht das nicht ins Sexuelle?

Und wie ist das mit den Gefühlen? Für meinen Freund empfinde ich etwas. Wenn ich nicht mit ihm zusammen bin, empfinde ich so etwas wie eine starke Sehnsucht. Ist das normal?

Dieses Gefühl hatte ich vor dreiviertel Jahren bei jemand anderem, und dann ging es wieder weg. Ich befürchte, daß mir das bei meinem Freund wieder passieren und mein Empfinden nach Monaten wieder weg sein wird.

Bei mir zu Hause ist öfters Krach. Meine Eltern streiten sich öfters. Am liebsten würde ich ausziehen und mit meinem Freund zusammenwohnen, was sich allerdings nicht verwirklichen läßt. – Wäre es überhaupt gut, wenn wir zusammenwohnen würden oder oft zusammen sind? Kann daraus nicht eine zu starke Bindung an ihn passieren? Er ist übrigens siebzehn Jahre alt und hat eine Freundin. Sind meine Gefühle zu ihm normal?

Ich habe vor kurzem ein Buch gelesen. Dort stand drin, daß die Pollution etwas ganz Normales sei, meistens mit einem Traum verbunden. Auch die sexuelle Spannung sei ganz natürlich, und durch nächtlichen Samenerguß entstünde eine Entspannung. – Wo ist dann aber der Unterschied zur Masturbation?

Vielleicht hat das Ganze auch mit meinem Spitznamen zu tun. Vor zwei Jahren führten wir auf einer Freizeit einen Sketch auf. Ich spielte jemand, der sehr dumm war. Seitdem heiße ich »Schnukky«. Und mit Schnucky sind die letzten Jahre verbunden, die nicht ganz so positiv waren. Ich fühle mich nicht angenommen, wenn man mich mit Schnucky anredet. Ich kann den Namen Schnucky nicht ausstehen.

Ich hoffe, daß ich bald Antwort bekomme.   Ihr Ullrich

Lieber Ullrich!

Vielen Dank für Deinen Brief. Laß mich gleich mit Deiner Frage nach dem Unterschied zwischen Pollution und Masturbation beginnen. Mit Pollution bezeichnet man einen Samenerguß, der nachts von selbst im Schlaf geschieht, also ungewollt, während die Masturbation eine gewollte und bewußte Handlung ist.

In dem Buch »Mein schönes Gefühl« hast Du ja von drei Phasen gelesen, die jeder Mensch durchläuft. Die erste ist die auto-erotische Phase, in der Liebesgefühle noch ganz auf die eigene Person bezogen sind. Körperlicher Ausdruck dieser Phase ist die Masturbation. Wenn Du also masturbierst, heißt das, daß Du noch in dieser Phase bist.

Du brauchst Dir aber deshalb keine Sorgen zu machen, solange Du daran arbeitest, sie zu überwinden. Wenn Du es schaffst, es nur jeden dritten Tag zu tun, so ist das schon ganz gut. Allmählich wirst Du herauswachsen und es als kindisch und unbefriedigend empfinden. Langsam solltest Du die Zwischenräume vergrößern, bis es ganz aufhört.

Deine Gitarre kann Dir eine ganz große Hilfe sein. Du solltest es Dir gönnen, darauf zu spielen, sooft Du Lust dazu hast.

Die zweite Entwicklungsphase im Reifungsprozeß der Persönlichkeit ist die homo-erotische Phase. Sie bedeutet, daß unser Ich schon reif genug ist, um die Brücke zu schlagen zu einem anderen Menschen, aber eben noch nicht stark genug, um eine tragende Beziehung herzustellen zum anderen Geschlecht.

Das wird dann erst in der dritten Phase, der hetero-erotischen, möglich. Dann ist unser Ich stark genug, um die Angst zu überwinden, die wir vor dem Anderssein des anderen empfinden, und wir werden fähig zu lieben.

Vorläufig aber, in der zweiten Phase, ehe diese Reife erlangt ist, wird gewissermaßen ein Kompromiß geschlossen. Unsere Liebesgefühle wenden sich zwar jemand zu, der anders ist, aber doch noch möglichst ähnlich, also einem Angehörigen des gleichen Geschlechts. Deshalb entstehen in dieser zweiten Phase die dicken Mädchenfreundschaften und Jungenfreundschaften.

Das ist es, was Du jetzt mit Deinem Freund erlebst. Du siehst, daß sich die erste und die zweite Phase nicht so genau zeitlich trennen lassen. Es gibt da ein Überlappen. Deine Sehnsucht nach Deinem Freund zeigt, daß Du schon in die zweite Phase eingetreten bist.

So eine dicke Jungenfreundschaft in Deinem Alter ist also nicht nur normal, sondern sogar gesund und gut. Du lernst dabei, mit Liebesgefühlen umzugehen, sich ihrer zu erfreuen, ohne sie in sexuelle Handlungen umzusetzen. Wenn Du das jetzt mit einem Jungen lernst, wird es später für Dich weniger schwierig sein, diese Grenze einem Mädchen gegenüber zu wahren.

Dabei brauchst Du keine Angst zu haben vor körperlichen Berührungen. Du darfst Deinem Freund also getrost einmal den Arm um die Schulter legen und ihn an Dich ziehen. Daraus entsteht keine »zu starke Bindung«.

Wenn Du das fürchtest, so denkst Du sicher an die Homosexualität. Diese Gefahr ist in der Tat da. Sie tritt jedoch erst ein, wenn Ihr sexuelle Handlungen ausführt, also etwa gegenseitig masturbieren würdet. Dann ist es tatsächlich möglich, daß Du in der zweiten Phase stecken bleibst und nicht zur dritten Phase heranreifst, in der Du fähig wirst, in Beziehung zu einem Mädchen zu treten. Um diese feine Grenze einzuhalten, wäre es sicher besser, wenn Du nicht mit Deinem Freund zusammenziehen und auch bei Besuchen nicht im gleichen Bett mit ihm schlafen würdest.

Ich verstehe schon, daß Du Dich manchmal einsam fühlst in Deinem Zimmer. Lerne aber auch, es zu genießen! Viele Jungen hätten gern ein Zimmer für sich allein und haben keins! Es muß beides im Leben gelernt werden – das Alleinsein wie das Zusammensein. Die Sehnsucht, wenn Du allein bist, macht das Zusammensein ja erst kostbar.

Natürlich werden diese Gefühle vergehen. Du mußt damit rechnen, daß Du Dich mit achtzehn nicht mehr darin verstehen wirst. Dann wirst Du Dich mehr zu Mädchen hingezogen fühlen. Aber sieh im Vergehen der Gefühle doch auch etwas Positives. Es heißt einfach, daß du aus der homo-erotischen Phase herauswächst und in die hetero-erotische eintrittst. Das schließt aber nicht aus, daß Du Dich jetzt dessen erfreuen darfst, was Dir gegeben ist.

An Deinem Spitznamen lernst Du, wer Du nicht sein willst. Das hat auch seinen Wert. Nur so kannst Du lernen, wer Du bist – nämlich Ullrich.

Ich grüße Dich ganz herzlich.

Dein W. T.

Zwischenwort

Ich hoffe, daß Ullrichs Brief viele entlastet, die ähnliche Gefühle verspüren und sie sich nicht zuzugeben wagen, aus Angst, homosexuell zu sein. Ich hoffe aber auch, daß meine Antwort vielen hilft, die Grenzen zu ziehen und zu achten, die gleichgeschlechtlicher Freundschaft gesetzt sind.

Vielleicht lesen jedoch auch manche dieses Buch, die hier schon einen Fehler gemacht haben. Ihnen möchte ich den nächsten Briefwechsel anvertrauen, um ihnen Mut zu machen und zu zeigen, daß auch für sie nicht alles verloren ist.

Es handelt sich um zwei Mädchen, die die Grenze überschritten haben.

Gemeinsam mit Ullrich, bei dem zu Hause »öfters Krach« war, haben sie, daß auch sie kein harmonisches Familienleben kennen. Martina ist ein unerwünschtes Kind, und die Mutter läßt sie das spüren. Gerdas Mutter hat als Geschäftsfrau mit vier Kindern weder Zeit noch Geduld, um eine warme Beziehung zu ihrer Tochter herzustellen.

Keiner von uns ist ja nur Mann oder nur Frau. Auch im Mann ist Weibliches, und in der Frau ist Männliches. Sonst könnten die Geschlechter einander nicht verstehen. Die Frage ist nur, was dominiert. Im Mann soll das Männliche und in der Frau soll das Weibliche dominieren.

Das wird dadurch erreicht, daß der Junge sich mit dem Vater und das Mädchen sich mit der Mutter identifiziert. Wenn das aus irgendeinem Grunde nicht geschieht oder nicht geschehen kann, ist die Gefahr der Homosexualität gegeben. Dann identifiziert sich der Junge mit der Mutter. Auf diese Weise nimmt das Weibliche in ihm überhand, und er sucht sich einen Mann als Partner. Umgekehrt identifiziert sich das Mädchen mit dem Vater und wird überwiegend männlich geprägt. Sie sucht sich dann als Partner eine Frau*.

*Vgl. hierzu: Rudolf Affemann »Geschlechtlichkeit und Geschlechtserziehung in der modernen Welt«, S. 157

So etwas ist vermutlich bei Martina und Gerda geschehen, als sie eine tiefe Freundschaft miteinander eingingen. Als diese jedoch sexuelle Formen annahm, wurden sie beunruhigt und schrieben mir.

12 Plötzlich »halfen« wir einander

»Meine Mutter hat es mich oft spüren lassen und mir gesagt, daß ich unerwünscht sei.« – »Meine Mutter, die als Geschäftsfrau mit vier Kindern überlastet war, hatte oft keine Geduld.« – »Plötzlich ›halfen‹ wir einander, um unsere Spannung wegzubekommen. Danach waren wir über uns selbst entsetzt.« – »Wir wissen beide, daß wir unsere Freundschaft allmählich, aber sicher kaputt machen.«

Martina S., 17, und Gerda D., 18

Lieber Herr Trobisch,

wir – Martina (17) und Gerda (18) – haben Ihr Buch »Mein schönes Gefühl« gelesen. Wir sind seit einigen Monaten gute Freundinnen und verstehen uns sehr gut. Wir haben ein gemeinsames Problem und haben festgestellt, daß wir einen Dritten dazu bräuchten, einen Weg zu finden. Unabhängig voneinander dachten wir beide an Sie.

Hätten Sie vielleicht Zeit, auf unser Problem einzugehen? Können wir uns darauf verlassen, daß niemand außer Ihnen und Ihrer Frau davon erfährt?

Viele Grüße   Martina und Gerda

Liebe Martina! Liebe Gerda!

Natürlich dürft Ihr mir Euer Problem schreiben. Ihr könnt ganz sicher sein, daß Euer Brief vertraulich behandelt wird und daß niemand anders etwas davon erfährt.*)

Mit herzlichen Grüßen   Euer W. T.

*) Bei einer persönlichen Begegnung gaben Martina und Gerda ausdrücklich die Erlaubnis zur Veröffentlichung

Lieber Herr Trobisch,

Gerda und ich glauben, daß es besser wäre, wenn wir getrennt schreiben würden. Ich kenne Gerda seit sechs Monaten und habe sie von Anfang an nett gefunden. Ich verstand mich mit ihr wie noch nie mit einem Menschen. Ich konnte ihr alles sagen, was ich dachte; wenn ich sie brauchte, hatte sie für mich Zeit.

Das war in meinem bisherigen Leben nie so. Ich hatte nur eine Mutter, und die mußte arbeiten gehen und hatte deshalb nie Zeit für mich. Auch war ich ihr lästig, denn sie konnte wegen mir nicht dort arbeiten, wo sie wollte. Meiner Mutter wäre es wahrscheinlich lieber gewesen, wenn ich nie geboren wäre. Aber daran konnte sie nichts ändern. Sie wurde vergewaltigt. Sie hat es mich oft genug spüren lassen und mir gesagt, daß ich unerwünscht sei.

Darum war ich sehr froh, daß ich von zu Hause weggehen konnte. Hier an meiner Arbeitsstätte in einem Hotelbetrieb fand ich einen Menschen, der mich liebte. Gerda gab mir ihre ganze Liebe, die mir früher fehlte. Ich vertraue ihr grenzenlos. Einmal erzählte ich ihr etwas, das mich seit fast zehn Jahren belastete. Ich hatte Angst vor ihrer Reaktion, aber sie verstand mich. Darauf wurde meine Liebe noch größer.

Ich fragte sie dann, ob es bei ihr etwas gäbe, was sie mir noch nicht gesagt hätte. Statt einer Antwort gab sie mir eine Zeitschrift und wies mich auf einen Artikel über Selbstbefriedigung hin. Dann verließ sie das Zimmer.

Ich war weder erstaunt noch schockiert. Als sie wieder ins Zimmer kam, hab ich sie erst mal in den Arm genommen und ihr gesagt, daß ich sie noch genauso liebhabe wie vorher, und daß ich versuchen wolle, ihr zu helfen.

Seitdem habe ich öfters mal bei ihr geschlafen. Es ist immer so schön, wenn wir da nebeneinander im Bett liegen und uns unterhalten oder auch Zärtlichkeiten austauschen. Ist das schlimm? Als wir einmal wieder im gleichen Bett schliefen, stellte sich bei Gerda Spannung ein. Sie wollte sich nicht in meiner Gegenwart befriedigen. Aber es wurde so stark, daß sie es schließlich doch tat.

Ich wußte nicht, was ich tun sollte. Auch bei mir stellte sich Spannung ein. Doch ich konnte mich in Gerdas Gegenwart nicht entspannen. Ich schämte mich zu sehr, und später erzählte mir Gerda auch, daß sie sich geschämt hätte.

Jetzt komme ich zu unserem eigentlichen Hauptproblem. Irgendwann – ich weiß nicht mehr, wann es war und wie es dazu kam – lagen wir beide im Bett und hatten Spannung, und plötzlich »halfen« wir uns gegenseitig, um unsere Spannung wegzubekommen. Ich wußte gar nicht mehr, was ich tat. Erst nachher war es uns bewußt geworden. Immer wieder war es, wir konnten gar kein Nein finden. Danach waren wir über uns selber entsetzt.

Wir wissen beide, daß wir unsere Freundschaft allmählich, aber sicher kaputt machen. Es passiert uns fast jeden Tag.

Wir haben uns auch schon vorgenommen zu beten. Aber oft haben wir es vergessen oder gedacht, später sei es noch Zeit dafür. Ich nehme mir immer wieder vor, daß es nicht mehr passiert. Aber ehe ich es merke, ist es wieder passiert.

Ich weiß nicht mehr weiter. Aber ich will diese Freundschaft nicht aufgeben. Dafür ist sie mir zuviel wert. Vielen Dank, daß Sie sich unser annehmen wollen.

Ihre Martina

Lieber Herr Trobisch,

endlich habe ich – die Freundin von Martina – mich überwinden können, Ihnen auch zu schreiben. Ich wollte schon immer, aber ich konnte nicht, weil ich mich schämte, das auszusprechen, was unser Problem war. Ich wollte es selber nicht wahrhaben und hatte und habe vor allem Angst, meine Eltern würden es erfahren.

Ich bin froh, daß Martina den Mut hatte, das Wagnis einzugehen, Ihnen zu schreiben. Ich glaube, daß wir mit Ihrer Hilfe das Problem bewältigen.

Ich komme aus einem Elternhaus, in dem beide Eltern Christen sind und sich bemühen, den Weg zu gehen, den Gott will. Was mich oft bedrückte, war die Hektik daheim, denn wir haben ein Geschäft. Meine Mutter, die als Geschäftsfrau mit vier Kindern überlastet ist, hatte oft keine Geduld. Die Schule füllte mich nicht aus, und ich dachte oft nach, daß mein Leben mich nicht erfüllt und freud- und sinnlos ist. Ich verlor immer wieder gute Freunde. Ich weinte in der Zeit daheim viel und wollte manchmal nicht mehr leben.

Ich entschloß mich dann, von zu Hause wegzugehen und in einen Hotelbetrieb einzutreten. Hier änderte sich meine Einstellung zum Leben. Ich konnte jung, fröhlich und unbekümmert sein. Die Ursache dafür war neben der Arbeit, die mich ausfüllte, meine Freundschaft mit Martina. Martina, das schwarzlockige, temperamentvolle Mädchen, war mir sofort sympathisch. Wir erlebten einen wunderschönen Sommer und empfanden ein Glück im Miteinander, wie wir es beide noch nicht kannten.

Eines Tages sagten wir einander, daß wir uns liebten. Wir beschrieben uns gegenseitig diese Liebe und was sie heißt. Es war sehr schön – und doch dachte ich manchmal: Dürfen das Mädchen so einander sagen und in Zärtlichkeiten ausdrücken?

Was dann geschah, hat Ihnen Martina geschrieben. Mir fällt es schwer, das in Worte zu fassen. Ich will nur noch ergänzen, daß wir uns in der Zeit, als es anfing, viel über Sexualität unterhielten und andere Gedanken und Meinungen dazu austauschten. Ich glaube, wir haben zuviel darüber geredet, und das hat unsere Phantasie angeregt.

Es ist wohl auch noch wichtig zu erwähnen, daß wir gemeinsam gelernt haben zu beten. Darüber bin ich sehr froh.

Mein Brief ist etwas durcheinander. Aber vielleicht hilft er Ihnen trotzdem zum Verständnis. Viele Grüße und noch mal danke!

Gerda

Liebe Martina! Liebe Gerda!

Es ist nur gut, daß Ihr Euch gemeldet habt! Martina ein besonderes Lob, daß sie das Sichschämen überwunden hat und einen so offenen und konkreten Brief gewagt hat.

Laßt mich das gleich vorausschicken: Euer Schamgefühl, das Ihr beide ganz stark habt, ist Euer bester Wegweiser. Es ist etwas ganz Gesundes in Euch, das Ihr nicht unterdrücken dürft. Es sagt Euch unmißverständlich, daß Ihr einen verkehrten Weg eingeschlagen habt, von dem Ihr umkehren müßt.

Noch ist es nicht zu spät dazu, und Ihr braucht Euch keine Sorge zu machen. Allerdings muß so bald wie möglich eine Änderung Eures Verhaltens eintreten, wenn sich keine Fehlhaltung herausbilden soll, die Euch dann Euer ganzes Leben lang anhaften und auch das Leben in einer Ehe sehr erschweren, wenn nicht gar unmöglich machen kann.

Aus meinem Buch »Mein schönes Gefühl« wißt Ihr, daß die Entwicklung der menschlichen Sexualität drei Phasen durchschreitet. Die zweite Phase ist die gleichgeschlechtliche Phase, in der die dicken Mädchenfreundschaften und Jungenfreundschaften entstehen.

Ihr beide erlebt also jetzt ganz stark diese zweite Phase, und das ist an sich gesund und gut. Daß Ihr sie so stark und intensiv erlebt, hängt sicher mit Eurer Familiensituation zusammen. Martina hat keinen Vater, und Gerda erwähnt auch ihren Vater mit keinem Wort. Beide habt Ihr eine schwierige Beziehung zur Mutter.

Ihr ersetzt Euch also gegenseitig Liebe, die Euch zu Hause vorenthalten wurde, und daran ist an sich nichts verkehrt. Ich kann gut verstehen, wie sehr Euch das beglückt. Auch dagegen, daß Ihr Euch das einander sagt und es in Zärtlichkeiten ausdrückt, ist nichts einzuwenden.

Nun habt Ihr aber eine Grenze überschritten, indem Ihr Euch zu sexuellen Handlungen aneinander habt hinreißen lassen. Deshalb hat sich an diesem Punkt auch sofort Euer Gewissen und Euer Schamgefühl gemeldet.

Noch ist kein Schaden entstanden. Aber wenn Ihr auf diesem Wege weitergehen würdet, dann könnte es zu einer Festlegung der gleichgeschlechtlichen Anziehung kommen, die sich dann später nur sehr schwer ändern läßt. Durch das intime Spiel aneinander kann eine Abhängigkeit entstehen, eine gegenseitige Bindung, die gerade das Beglückende an Eurer Freundschaft »kaputt« macht. Das hat Martina ganz richtig empfunden.

Jede Wiederholung der sexuellen Handlungen vergrößert diese Gefahr der »Fixierung« – wie man das nennt. Ihr geratet in eine Spur, aus der Ihr dann nur schwer wieder herauskommt. Die Dinge könnten sich so einschleifen, daß Ihr dann den Brückenschlag zum anderen Geschlecht nicht mehr schafft und homosexuell oder – wie man bei Frauen sagt – »lesbisch« werdet.

Jetzt seid Ihr sicher schockiert. Aber ich mußte das Wort, vor dem Ihr sicher Angst habt, doch einmal aussprechen. Noch einmal: Noch ist es nicht so weit. Ihr seid ganz bestimmt nicht homosexuell. Ihr braucht Euch keine Sorge zu machen. Aber die Gefahr ist da, wenn Ihr in der falschen Richtung weitergeht.

Ich rate Euch, ganz hart und radikal zu sein, jeder mit sich selbst und mit dem anderen. Auf keinen Fall solltet Ihr mehr im gleichen Bett schlafen, möglichst auch nicht mehr im gleichen Zimmer, so daß Ihr Euch auch nicht mehr voreinander entkleidet. Auch mit den körperlichen Berührungen würde ich in nächster Zeit einmal ganz zurückstecken. Es gibt so viele andere Möglichkeiten, Zärtlichkeit auszudrücken: durch eine Geste, einen Blick, ein Lächeln, ein Wort, einen Brief, ein kleines Geschenk – und sicher auch durch das Gebet.

Helft einander, jeden Kompromiß zu vermeiden. Ihr werdet sehen, daß dadurch Eure Freundschaft nur gewinnt und nichts verliert.

Es ist gut, daß Ihr miteinander beten könnt. Von daher wird Euch alle Kraft kommen, die Ihr braucht zum Gehorsam gegen Gottes Gebot. Ich will auch treu für Euch beten.

Lieber Herr Trobisch,

vielen Dank für Ihren Brief, den wir sehnlichst erwartet haben, da wir einfach nicht mehr weiter wußten. Es war uns beiden immer klar, daß es der falsche Weg einer Freundschaft war, aber wir kamen einfach nicht davon los. Wenn es geschehen war, haben wir uns immer die größten Vorwürfe gemacht und waren völlig verzweifelt.

Wir haben uns auch öfter überlegt, ob wir homosexuell wären, und kamen zu keinem Ergebnis. Manchmal wollten wir uns auch nicht eingestehen, daß wir überhaupt darüber nachdenken. Vielen Dank, daß Sie uns das einmal richtig bewußt gemacht haben.

Wir haben folgendes beschlossen: Wir übernachten ab sofort jeder in seinem Zimmer. Unsere Zärtlichkeiten haben wir bis auf Umarmen und Streicheln der Wangen eingestellt. Wir glauben, wir können dies verantworten, weil es uns bis heute nie zur Versuchung wurde. Küsse wollen wir uns nicht mehr geben, weil sie manchmal die Ursache waren. Es fällt uns schwer, aber wir wollen!

Wir danken für Ihre Geduld und Ihre Gebete

Ihre Martina und Gerda

Zwischenwort

Martina und Gerda haben Wort gehalten. Sie sind indessen 19 und 20. Wir sind immer noch miteinander in Verbindung. Beide entwickeln sich als ganz normale junge Mädchen. Neuerdings haben sie getrennte Arbeitsplätze. Jede hat einen Freund, was sie offensichtlich in ihrer Weiblichkeit bestätigt. Das hilft beiden sehr, sich selbst als Mädchen anzunehmen. Denn weder Martina noch Gerda erhielten diese Bestätigung in ihrer Kindheit von ihrem Vater.

Wenn diese beiden Dinge zusammenkommen im Leben eines Mädchens: eine kalte Mutter und ein versagender Vater, der ihm nicht das Gefühl vermittelt, als eine »kleine Frau« liebenswert zu sein, dann ist es in Gefahr. Ahnungslos sind die Eltern oft die Ursache dieser Gefahr. Und sie könnten so leicht helfen!

Martina und Gerda hatten den Mut zu einem Brief. Mich beunruhigt der Gedanke an die vielen anderen – Jungen wie Mädchen –, die in einer ähnlichen Lage sind und die schweigen. Deshalb bin ich auch Martina und Gerda ganz besonders dankbar, daß sie die Erlaubnis zur Veröffentlichung ihrer Briefe gaben.

An ihnen hat mir besonders gefallen, daß sie sich selbst Grenzen setzten. Auch ihren Freunden gegenüber tun sie das mit Bestimmtheit. Anscheinend fällt es ihnen leichter, weil sie es vorher miteinander geübt haben.

Das Einhalten der Grenze ist auch das Thema des nächsten Briefwechsels – so wie es ein Junge sieht.

13   Liegt es am »Napoleon«?

> »Ich war früher Christ nach der Bibel und habe vor
> längerer Zeit aufgehört damit.« – »Es gibt Zeiten,
> da könnte ich mit ihr Schluß machen, weil irgend
> etwas nicht stimmt. Da frage ich mich manchmal,
> ob es am ›absolut‹ liegt oder am ›Napoleon‹.«

> Michael B., 16, Freundin, Alter nicht genannt

Lieber Herr Trobisch!

Ich habe vor kurzem angefangen, Ihre Bücher zu lesen. Sie sind
fabelhaft toll. Aber ich muß Ihnen, bevor ich auf den Hauptteil
meines Briefes komme, noch etwas erklären.

Ich bin sechzehn Jahre alt, war früher Christ nach der Bibel und
habe vor längerer Zeit aufgehört damit.

Ich habe seit zehn Wochen und fünf Tagen eine wirklich nette
Freundin. Ich mag sie sehr und sie mich auch. Wir sind oft zusammen, und da kommt es nicht nur zu den »üblichen« Küssen, sondern wir sprechen auch Probleme durch, manchmal auch welche
aus Ihren Büchern. Also sozusagen eine fabelhafte Freundschaft.

Nun komme ich zu meinem Problem, und das ist so: Wie ich vorher
schon geschrieben habe, mag ich meine Susi sehr. Aber es gibt einfach Zeiten, da könnte ich mit ihr Schluß machen, weil irgend etwas nicht stimmt. Da frage ich mich manchmal, ob es am »absolut«
liegt oder am »Napoleon«. (Erklärung: »Absolut« heißt: meine
Hand in ihrem intimsten Bereich. »Napoleon« heißt: meine Hand
an ihrer Brust.)

Ich darf das nur sehr selten machen. Sie sagt: »Wenn ich psychisch
auf dem Nullpunkt bin, da brauche ich dadurch einen Halt, sonst
aber nicht.« So kommt es sehr selten dazu.

Manchmal kommt der Gedanke, Schluß zu machen, auch nachdem ich sie angerufen habe. Wir sprechen bis zu einer Stunde am Telefon. Dann habe ich es öfters satt.

Ich kann aber nicht Schluß machen, denn wenn sie bei mir ist, bin ich wieder elend glücklich und habe alles vergessen. So ist das bei mir und meiner Susi.

Nun habe ich Sie mit meinem Problem belastet und hoffe, daß Sie mir einen Rat geben.

Ihr Michael

PS: Ich bin kalt! (Offenb. 3,16)

Lieber Michael!

Vielen Dank für Deinen Brief. Ganz allgemein ist dazu zu sagen, daß unsere Gefühle der Zuneigung und Abneigung immer Schwankungen unterworfen sind.

Zum Glück ist jedoch Liebe nicht nur auf Gefühl gegründet, sondern ein Stück weit einfach auch eine Angelegenheit des Willens. Es ist ein nüchterner Willensakt, sich dafür zu entscheiden, einen Menschen lieben zu wollen, und zwar um jeden Preis, in jeder Lage und für das ganze Leben – ganz abgesehen vom Auf und Ab der Gefühle.

Für diese Entscheidung aber seid Ihr beide noch zu jung. Ich glaube kaum, daß man sie vor zwanzig oder einundzwanzig fällen kann – noch ein paar Jahre älter ist noch besser.

Dein Konflikt in Deiner Beziehung zu Susi entsteht nun dadurch, daß Ihr im Ausdruck Eurer Zuneigung einen falschen Weg eingeschlagen habt. Diese intimen Berührungen, die Du beschreibst, sind einfach mehr, als Eure Beziehung ertragen kann. Du empfindest es als ganz richtig, daß das Gefühl, daß »etwas nicht stimmt«, damit zusammenhängt. Du mußt auf dieses Gefühl hören. Es ist ein gesundes und gutes Gefühl.

Vor allem finde ich es gefährlich, daß Du Dich von Susi zu so einer Art von »Psychotherapeut« benutzen läßt, wenn sie auf dem »Nullpunkt« ist. Damit erweist Du ihr und Euch keinen Dienst.

Denn alle diese Berührungen verlangen nach einem Mehr, und schließlich gibt es kein Bremsen mehr. Möglicherweise wird Susi sich etwas vormachen und immer öfter auf den Nullpunkt kommen, nur um sich diesen »Trost« zu verschaffen.

Ich glaube, Du hilfst ihr viel mehr, wenn Du ihr diesen verkehrten Trost verweigerst und eine klare Grenze ziehst. Sie wird Dich darum nur um so mehr achten und sich sicher fühlen in Deiner Gegenwart. Auch rate ich Dir, diese ellenlangen Telefonate abzukürzen.

Du mußt noch viel mehr lernen, zu dem zu stehen, was Du als richtig empfindest. Ich frage mich, ob sich in dem immer wieder auftauchenden Wunsch, Schluß zu machen, nicht auch die Stimme Gottes meldet. Ich glaube, Du würdest Dich selber viel mehr achten und lieben können, wenn Du Dich mehr von Gott als von Susi lenken ließest und Deine Entschlüsse auch tatsächlich ausführen würdest. Sicher würde Dir eine »fabelhafte Freundschaft« mit einem Freund viel eher gelingen als mit einer Freundin.

Dein tiefstes Problem scheint mir jedoch zu sein, daß Du Deinen Glauben verloren hast. Mir kommt es so vor, als stünde diese Tatsache im Zusammenhang mit Deiner Beziehung zu Susi. Die Grenzüberschreitung, die Du Dir bei Susi erlaubt hast, hatte offensichtlich nicht nur zur Folge, daß etwas zwischen Dir und Susi nicht mehr stimmt, sonder auch zwischen Dir und Gott.

Das liegt nun wirklich am »absolut« – aber in einem ganz anderen Sinn, als Du es meinst. Susi ist Dir wichtiger geworden als Gott. Gott aber ist ein eifersüchtiger Gott. Er will »absolut« der Wichtigste sein in Deinem Leben. Entweder Du gehörst ihm ganz oder gar nicht. Auf Englisch lautet ein Wort des Kirchenvaters Augustin so: »He who does not love God above all, does not love him at all.« (»Wer Gott nicht über alles liebt, liebt ihn überhaupt nicht«.) Oder wie ein Bauernbub es einmal sehr drastisch ausgedrückt haben soll: »Ein halber Christ ist ein ganzer Mist.«

Vielleicht ist das Schlußmachen mit Susi der Weg, um Gott wieder die Stelle in Deinem Leben zu geben, die ihm gebührt? Und vielleicht ist das auch die größte Hilfe für Susi, um echt über ihre Nullpunkte zu kommen?

Denke einmal nach!

Ich grüße Dich sehr herzlich.

Dein W. T.

Zwischenwort

Michael ist wieder ein typischer Junge. Auch er zählt wieder Wochen und Tage, und sicher sind ihm auch die intimen Berührungen wichtiger als das »Durchsprechen von Problemen«.

Und doch hat er sich ein feines Empfinden dafür bewahrt, daß »etwas nicht stimmt« und daß sein Glaubensleben mit seinem Verhalten dem Mädchen gegenüber in Konflikt gerät. Es ist ihm hoch anzurechnen, daß er keinen faulen Kompromiß schließt und für sein Christsein Konsequenzen zieht.

Andererseits hat er aber auch nicht die Kraft, sein Verhalten zu ändern und sich loszureißen.

Ob ihm meine Antwort dazu geholfen hat? War sie zu hart und selbstsicher? Ob das der Grund ist, daß er nicht geantwortet hat?

Das muß offen bleiben. Aber eins wird deutlich: Wieviel entscheidet sich doch an der Frage der intimen Berührungen, am Einbeziehen des Leiblichen in das Verhältnis zwischen Junge und Mädchen!

Der folgende Briefwechsel soll das Problem noch einmal vom Mädchen her beleuchten.

14 Die Hand unter dem Pullover

>»Es war stockdunkel im Raum. . . Plötzlich öffnete
>er mir den Reißverschluß meiner Hose. . . Ich be-
>kam es wirklich mit der Angst zu tun.«

Gabi R., 15, Freund 16

Sehr geehrter Herr Trobisch!

Ich schreibe an Sie, weil ich nicht weiß, wem ich mich sonst anvertrauen könnte. Nachdem ich Ihr Buch »Liebe ist ein Gefühl, das
man lernen muß« gelesen habe, dachte ich, daß Sie mir helfen
könnten, meine Probleme zu verstehen.

Ich bin fünfzehn Jahre und habe einen sechzehnjährigen Freund.
Wir kennen uns weit über zwei Monate und verstehen uns auch
gut. Meine Eltern haben genauso wenig gegen ihn wie seine gegen
mich.

Allerdings hatte ich vorher noch keinen Freund, der älter war als
ich. Wir waren eigentlich nur gute Kumpels.

Bei meinem jetzigen Freund ist das anders. Als ich einen Abend
allein mit ihm bei sich zu Hause war, saßen wir in seinem Zimmer
und unterhielten uns. Das Licht war aus, es war stockdunkel im
Raum. Auf einmal begann er mich zu küssen. Er wurde immer
stürmischer. Dann ging er mit der Hand unter meinen Pullover.
Ich ließ es mir gefallen und fand es sogar schön.

Plötzlich öffnete er mir den Reißverschluß zu meiner Hose. So etwas hat bis dahin noch kein Junge gemacht. Ich wehrte mich und
sagte, er solle mich in Ruhe lassen. Ich bekam es wirklich mit der
Angst zu tun. Er beruhigte mich aber und machte den Reißverschluß wieder zu.

Ich glaube, er wollte mit mir Petting machen. Da ich dies jedoch
noch nie mit einem Jungen gemacht habe, weiß ich nicht, was und
wie ich es machen muß. Außerdem kann man doch schon von Pet-

ting schwanger werden. Das will ich nach Möglichkeit auch vermeiden.

Bitte, geben Sie mir einen Rat!

Mit freundlichem Gruß

Gabi

PS: Sie können mir ruhig nach Hause schreiben.

Liebe Gabi!

Danke für Deinen Brief und Dein Vertrauen. Es ist gut, daß Du gleich geschrieben hast, ehe Du auf diesem Weg weitergegangen bist. Ich hoffe nur, meine Antwort erreicht Dich, ehe es zu spät ist. Ich will Dir erklären, was beim Petting vor sich geht. Aber ich tue das nicht, damit Du es ausprobierst, sondern damit Du es nicht aus Neugier auszuprobieren brauchst.

Beim Petting berühren sich beide gegenseitig mit der Hand an den Geschlechtsorganen. Beim Jungen kommt es dann meistens zu einem Samenerguß, der ihn zwar entspannt, aber nicht wirklich befriedigt. Noch weniger kommt das Mädchen dabei zu einer wirklichen Befriedigung.

Ihr nehmt Euch damit etwas vorweg, was in der Ehe ein Vorspiel zur vollen Vereinigung sein kann. Findet diese nicht statt, dann entsteht eine unerträgliche Spannung, mit der Ihr weder innerlich noch äußerlich fertig werdet. Es lohnt sich wirklich nicht.

Schwangerwerden kann man beim Petting normalerweise nicht. Immerhin ist es nicht unmöglich. In so einem Samenerguß sind fünfhundert Millionen Spermien. Eins davon genügt, um eine Eizelle zu befruchten, wenn es in die Scheide gelangt. Bei der körperlichen Nähe und der Erregung geschieht das öfter, als man glaubt.

Viele überschätzen sich auch. Sie nehmen sich zwar vor, »nur« Petting zu machen, aber in der Hitze des Gefechts können sie dann doch nicht mehr bremsen, und es kommt zu einer vollen Vereinigung gegen ihre Absicht. Probiere Deine Bremsfähigkeit lieber nicht auf diese Weise aus!

Laß Dich nicht vernaschen. Später wirst Du Dich einmal schämen, wenn Du Dich mit dem Mann verlobst, dem Du ein Leben lang gehören willst.

Ich muß Dich übrigens sehr loben, daß Du Dich gewehrt hast. Instinktiv hat Dein gesundes Schamgefühl reagiert. Es ist Dein bester Schutzengel. Laß Dich von dieser Stimme in Dir leiten, und hüte Dich vor denen, die Dir Dein Schamgefühl ausreden wollen oder es gar lächerlich machen – und sei es in Form von sogenannten Lehrbüchern!

Du hast auch erlebt, daß Dein Freund es sofort respektiert hat, daß Du Deine Grenzen tapfer verteidigt hast. Die meisten Jungen sehnen sich tief im Herzen nach dem Widerstand des Mädchens. Du verlierst damit nichts, sondern steigst höchstens in ihrer Achtung. Verläßt Dich aber einer deshalb, dann traure ihm nicht nach. Er ist kein »Freund«.

Nur, weißt Du, ich würde an Deiner Stelle meine Verteidigungslinie schon viel früher aufbauen, nicht erst bei der allerletzten Bastion. Du hast ja die Etappen genau beschrieben: Das Alleinsein in einem Zimmer, dann die Dunkelheit, dann das Küssen und irgendwann dann auch das gemeinsame Sichhinlegen, schließlich das Entkleiden und das intime Sichberühren.

Spätestens vor dem Sichhinlegen solltest Du die Grenze ziehen, ja möglicherweise schon vor dem stürmischen Abküssen. Ein Kuß, nur so gehaucht auf die Stirn oder die Wange kann etwas unendlich Zartes sein, so wie ein Sonnenstrahl, der durch ein Fenster fällt. Wenn's aber »stürmisch« wird, dann würde ich die Sturmläden lieber zu früh als zu spät schließen.

Ja – auf die Gefahr hin, daß Du mich für hoffnungslos altmodisch hältst: Ich würde sogar schon vorsichtig sein bei dem Alleinsein in einem Zimmer. Glaube mir, Ihr habt sicher viel mehr Freude, wenn Ihr etwas gemeinsam unternehmt oder anseht und dann darüber sprecht und austauscht. Und wenn schon allein, dann nicht zu lange und vor allem nicht im Dunkeln!

Es gehört ganz einfach ein Stückchen Intelligenz dazu, wenn man im Leben gewisse Fußangeln vermeiden will. Zeige diesen Brief Deinem Freund, und sprich mit ihm darüber! An seiner Reaktion wirst Du sehen, ob er wirklich ein »Freund« ist.

Es freut mich übrigens, daß ich Dir nach Hause schreiben darf und keine Deckadresse benutzen muß wie bei vielen anderen Deines Alters, die mir schreiben. Das zeigt mir, daß Deine Eltern das Briefgeheimnis respektieren. Auch daß Euch das Einverständnis Eurer Eltern mit Eurer Freundschaft etwas bedeutet, finde ich prima. Verspielt dieses Vertrauen nicht!

Wenn Du mal eine sechzehnjährige Tochter hast, wirst Du ihr doch auch vertrauen wollen, nicht wahr?

Herzlich grüßt Dich

Dein W.T.

Sehr geehrter Herr Trobisch,

ich hoffe, Sie haben mich noch in Erinnerung. In meinem letzten Brief ging es um meinen Freund, in diesem handelt es sich um meine Eltern.

Doch vorher möchte ich mich für Ihren Brief bedanken. Er hat mir die Augen geöffnet. Ich sprach mich auch daraufhin mit meinem Freund aus. Auch er sieht unsere Freundschaft aus dem rechten Licht. Natürlich küssen wir uns noch, aber wir sind jetzt zu der Meinung gekommen, daß, wenn wir nächstes Jahr noch zusammen sind, es vielleicht zu einer Verlobung kommen könnte. Wir lieben uns über alles, und trotzdem wollen wir auf die Ehe warten.

Doch nun zu meinem neuen Problem mit meinen Eltern: Wir leben uns auseinander. Meine große Schwester (24 Jahre) ist schon lange aus dem Haus. Da sie studiert, muß mein Vater ihr finanziell unter die Arme greifen. Dies belastet ihn stark. Das bekommen meine Mutter und ich mit seiner schlechten Laune zu spüren.

Mein Vater ist 53 Jahre, meine Mutter 50 Jahre. Trotzdem sind sie ziemlich modern eingerichtet, und auch ihre ganze Art läßt noch nicht auf dieses Alter schließen.

Da sie sehr wenig Bekannte haben (meine Mutter meidet Besuche; anscheinend ist ihr das alles irgendwie peinlich) und auch keinem Verein angehören, sitzen sie nachmittags gereizt herum.

Vielleicht ist das der Grund, warum sie mich immer um sich haben wollen. Aber wenn ich aus der Schule (9. Klasse Oberstufe) komme und bis 16.00 Uhr an den Hausaufgaben sitze oder für eine Arbeit büffele und danach zu meinem Freund will, heißt es gleich: »Jeden Tag herumtreiben, das ist mir das Richtige, aber wenn du mir ein schlechtes Zeugnis bringst, ist Schluß. Ich sage ja immer, daß die Schule leidet.« Aber ich tue alles, um in der Schule gut zu sein. Ich gehöre zum guten Teil der Klasse und habe befriedigende Noten. Nur wegen der Schule mit meinem Freund Schluß zu machen, sehe ich nicht ein.

Montag, Dienstag, Mittwoch darf ich ihn nicht sehen, und an den anderen Tagen muß ich meistens schon früh nach Hause. Wenn meine Eltern Kontakte hätten, wäre das besser. Aber wo finden sie welche? Ich würde ihnen gern helfen. Aber wie? Mich sollten sie auch langsam als Erwachsenen anerkennen. Ich werde ja schließlich dieses Jahr 16 Jahre.

Besonders mein Vater nörgelt an allem, was ich tue und wie ich aussehe, herum.

Ich würde mich sehr freuen, wenn Sie mir bald ein paar Ratschläge senden könnten.

Mit freundlichem Gruß

Ihre Gabi

Liebe Gabi!

Ich habe mich sehr gefreut, wieder von Dir zu hören. Vor allem bin ich froh, daß Du meinen Rat angenommen hast und Ihr in puncto Zärtlichkeiten zurückgesteckt habt. Nicht alle bringen das fertig. Ich möchte Dir herzlich dazu gratulieren. Es ist gut, daß Ihr auf die Ehe warten wollt. Aber ich halte auch 18 Jahre noch zu früh für eine Verlobung. Gerade zwischen 18 und 21 wirst Du Dich noch sehr verändern – und auch Dein Freund –, so daß ich Dir abrate, vorher eine so weittragende Entscheidung zu fällen.

Frühehen sind einer der Gründe, weshalb es so viele Scheidungen gibt. Stelle Dir vor, Du bist 22 und hast dann vielleicht schon zwei Kinder. Du könntest sie leicht als Störenfriede empfinden, die Deine Freiheit beschneiden, und mußt Dir dann sagen: »Das wird nun für die nächsten 15 Jahre mein Leben sein!« Diese Vorstellung könnte Dich in eine schwere Krise bringen.

Hast Du hingegen erst einmal ein eigenes Leben gelebt, einen Beruf erlernt und auch ausgeübt, dann kommt eine solche Krise in dieser Form nicht zustande. Auch bist Du dann eine reifere Mutter für Deine Kinder und kannst auch Dein Hausfrauendasein mit all seinen positiven Möglichkeiten in einer ganz neuen Weise bejahen.

Deine Eltern sehen wahrscheinlich auch voraus und möchten daher ein wenig bremsen. Sicher haben sie aber auch Angst, daß Du mit Deinem Freund schlafen könntest, und Du weißt ja selbst, wie nahe Du schon dran warst. Ich frage mich, ob Du nicht einfach Deine Eltern unseren Briefwechsel lesen läßt und dann mit ihnen darüber sprichst. Vielleicht wächst dann ihr Vertrauen zu Dir und sie lassen Dir auch mehr Freiheit.

Die Ehe Deiner Eltern siehst Du sehr scharf. Vielleicht würde sich die Situation entspannen, wenn Du ab und zu von Dir aus vorschlägst, am Wochenende etwas gemeinsam zu unternehmen.

Andererseits bist Du nicht der Eheberater Deiner Eltern und mußt sie einfach annehmen, wie sie sind. Eins ist sicher: Sie brauchen ganz, ganz viel Liebe. Jede Gelegenheit, bei der Du ihnen Deine Dankbarkeit und Liebe zeigen kannst, solltest Du ausnützen. Ob Du ihnen einmal ein Spiel schenkst, das sie miteinander spielen können? Oder wüßtest Du ein anderes Ehepaar ihres Alters, das sie ab und zu besuchen würde?

Du bist ein ganz prima Kerl, und ich wünschte mir, ich könnte Dich einmal kennenlernen.

Mit ganz lieben Grüßen!

Dein W.T.

Zwischenwort

Was mich am Briefwechsel mit Gabi besonders bewegt, ist die Rolle ihrer Eltern. Es sind sicher gute, liebe, besorgte Leute, die das Beste wollen für ihr Kind.

Aber ahnen sie, was in ihrer Tochter vor sich geht? Ahnen sie, wie scharf Gabi die Leere ihrer Ehe durchschaut? Wie sehr sie darunter leidet, daß sie ihnen die fehlende Gemeinschaft ersetzen soll?

Wie viele Eltern meinen sie, daß Erziehung sich in Überwachung erschöpft. Viel wichtiger wäre ein klärendes Gespräch, das die Gründe von Verbot und Sorge darlegt! Dabei fehlt es Gabi, wie ihre Frage nach dem Petting zeigt, an der einfachsten Information. Heutzutage gehört es zur Verantwortung der Eltern, mit einer fünfzehnjährigen Tochter über diese Dinge zu reden.

Der größte Schutz des Kindes besteht nicht in der Überwachung, sondern im Risiko des Vertrauens.

Die Haltung von Gabis Freund hat mich beeindruckt. Fast hatte ich selbst nicht zu hoffen gewagt, daß er so reagieren würde.

Aber es gibt heute allen pessimistischen Prognosen zum Trotz sehr viele Jungen, die ein ganz feines Empfinden dafür haben, was weiterführend ist in einer Beziehung und was eine Sackgasse ist.

Der folgende Brief eines Jungen, in dem dieses Zarte, Zurückhaltende zum Ausdruck kommt, soll das noch unterstreichen. Für den, der versteht, zwischen den Zeilen zu lesen, ist es ein sehr kostbarer Brief.

15   Für eine Liebelei zu schade

»Für eine Liebelei ist mir Gitte zu schade.« – »Wenn ich aus Wachs wäre, dann wäre ich bestimmt geschmolzen.«

Fritz H., 17, Handwerker

Lieber Herr Trobisch!

Seit etwa zwei Jahren bin ich in ein Mädchen aus meiner christlichen Jugendgruppe verliebt, möchte aber noch abwarten, bis ich achtzehn bin, um sicherzugehen, ob meine Liebe zu ihr auch echt und von Gott gewollt ist.

Zur Zeit liege ich im Krankenhaus, weil ich einen Mopedunfall hatte. Brigitte schreibt mir jede Woche.

Als ich noch gesund war, da habe ich öfter gemerkt, wie sie mich beobachtet. Umgekehrt natürlich auch. Doch im Krankenhaus, als sie mich mal besuchte, da hat sie mich angeschaut. . . Wenn ich aus Wachs wäre, dann wäre ich bestimmt geschmolzen.

Ich merke immer mehr, daß, wenn ich aus dem Krankenhaus komme, ein Gespräch fällig ist.

Nun ist mein Problem dies: An manchen Tagen, da könnte ich sie, wenn sie hier wäre, zerdrücken vor Glück, an anderen wieder, da zweifle ich an meiner Liebe zu ihr.

Es kann sein, daß diese Gefühlsschwankungen bei Jungen in meinemAlter normal sind, doch ich möchte gern von Ihnen einen Rat haben, denn für eine Liebelei ist mir Gitte zu schade.

Ich hoffe, daß Sie mich verstehen und mir ein wenig helfen können.

Ihr Fritz

Lieber Fritz!

Ich danke Dir für Deine Anfrage. Ich muß Dich bewundern, daß Du das fertiggebracht hast: zwei Jahre lang die Zuneigung zu einem Mädchen im Herzen zu tragen, zu wissen, daß sie erwidert wird – und trotzdem nichts zu sagen, sondern geduldig auf die Gewißheit zu warten.

Du hast wahrscheinlich gespürt, daß auch schon ein zu frühes, ein zu direktes Wort den Zauber zerstören würde und daß eine zu frühe Geste etwas ganz Zartes »zerdrücken« könnte. Deshalb ist es gut, daß Du dem Impuls widerstanden hast, Brigitte »vor Glück zu zerdrücken«. Das Glück würde nämlich dabei mit zerdrückt.

Es ist für mich ganz eindeutig, daß nichts so sehr zur Vertiefung Eurer Beziehung beigetragen hat wie Eure gegenseitige Zurückhaltung.

Ja, das Schwanken der Gefühle ist normal, nicht nur in Deinem Alter, sondern eigentlich in jedem Lebensalter. Aber es wird nachlassen, wenn Ihr einmal offen miteinander gesprochen habt.

Ich bin mit Dir der Meinung, daß die Zeit dafür nun wirklich gekommen ist. Denn Gitte wird vermutlich noch mehr an Deinen und ihren eigenen Gefühlen herumrätseln als Du.

Sage ihr bei dem Gespräch ausdrücklich, daß sie Dir zu schade ist für eine Liebelei, und daß dies der Grund für Deine Zurückhaltung war.

Gott segne Euch beide bei diesem Gespräch.

Dein W. T.

Zwischenwort

Ich habe den Brief von Fritz absichtlich eingeschaltet zwischen Gabis und Beates Brief, der nun folgen soll, um den Gegensatz zu zeigen im Verhalten des Mädchens.

Zwar weiß ich nichts Näheres über Brigitte. Ich vermute aber stark, daß sie ein Familienleben hatte, in dem sie Geborgenheit fand. Beate wurde das offensichtlich nicht oder nicht genug zuteil.

Wie sich das auswirkt, zeigt ihr Brief.

>»Meine Mutter hat mich so erzogen, daß ich denken mußte, daß die Geschlechtsorgane etwas Schlechtes sind.« – »Mit 13 schlief ich das erste Mal mit einem Jungen aus meiner Klasse.« – »Irgendwie war ich ständig auf der Suche nach Geborgenheit, Liebe und Zärtlichkeit.«

Beate K., 16, Schülerin

Liebes Ehepaar Trobisch!

Eben habe ich Ihr Buch »Mein schönes Gefühl« zum 2. Mal gelesen.

Ich bin sechzehn Jahre alt und gehe in die 9. Klasse eines Gymnasiums (zum zweiten Mal).

Ich fürchte, daß das ein langer Brief werden wird, weil ich zur Zeit außer M* noch einige andere Probleme habe.

Meine Mutter ist seit ungefähr sieben Jahren Christ, bloß wirkt sich das leider noch nicht sehr stark aus. Sie ist ziemlich schnell zornig, vergißt den Zorn aber auch schnell. Sie hat mich immer so erzogen, daß ich denken mußte, daß die Geschlechtsorgane etwas Schlechtes sind.

Mit fünf oder sechs Jahren spielte ich mit anderen Kindern Doktorspiele. Das heißt, wir entdeckten unsere verschiedenen Geschlechtsorgane im Spiel. Meine Mutter wollte mit mir zum Psychiater gehen und hat auch geschimpft, daß man so was nicht macht. Dadurch wurde ich bloß noch neugieriger.

Mit dreizehn schlief ich das erste Mal mit einem Jungen aus meiner Klasse. Ich konnte ihn nicht sehr gut leiden, aber ich wollte wissen, wie das alles so vor sich geht, was ich in Aufklärungsbüchern über

*In dem erwähnten Buch ist »M« die Abkürzung für Masturbation.

115

Geschlechtsverkehr gelesen hatte und ob das schöne Gefühl des Orgasmus so ist, wie es da beschrieben war.

Sie werden jetzt wahrscheinlich erschrecken, aber ich will ganz offen sein, was mir beim Schreiben immer leichter fällt, als wenn ich mit jemandem darüber sprechen müßte. Eine Zeitlang traf ich mich öfter mit diesem Jungen, meist blieb es bei Petting.

Als ich fast vierzehn Jahre alt war, kam ich heim von einem Spaziergang. Meine Mutter öffnete mir und war kreidebleich. Sie sagte: »Komm mal mit in dein Zimmer.« Im Zimmer öffnete sie meine Kommode, in der Verhütungsmittel und Ähnliches lagen.

Sie sagte, daß ich ja wie eine Nutte sei, und nahm dann einen Bambusstock, mit dem sie mich seit mindestens fünf Jahren nicht mehr geschlagen hatte, und schlug mich, daß ich meinte, ich überlebe es nicht.

Sie schickte mich dann ständig in die Kirche und ließ mich nicht mehr aus den Augen. Mein Vater sagte übrigens überhaupt nichts dazu. (Ich habe keine Beziehung zu ihm. Er ist ein ausgezeichneter Vater für kleine Kinder. Aber ältere Kinder zu erziehen, dazu ist er nicht fähig.)

Danach hatte ich noch drei Freunde. Jedesmal unzählige Male Petting und einmal Geschlechtsverkehr. Der letzte machte drei Tage, nachdem wir miteinander geschlafen hatten, Schluß. Das war ein ganz schöner Schock.

Doch es war sehr gut für mich, weil ich dadurch öfter zu einem jungen Ehepaar ging, das hier in der Nähe wohnt. An ihrem Lebensstil konnte ich das erste Mal sehen, daß es auch Christen gibt, die nicht nur sonntags in der Kirche schön fromm sind, sondern auch unter der Woche solche Nächsten sind, wie Jesus es von uns haben möchte.

Das, was ich da sah, trug Frucht. Ich wurde Christ. Das ist jetzt etwa fünf Monate her. Ich erkannte meine Sünden, bekannte sie, und ich weiß, daß mir vergeben ist.

Ich weiß nicht, wie ich weiterschreiben soll, wo anfangen bzw. wo weitermachen. Am besten werde ich Ihnen ein bißchen davon schreiben, was mir zu Ihrem Buch einfällt. Ich habe es zwei- oder dreimal durchgearbeitet und bin endlich so weit gekommen, daß ich mich mit Ilona vergleichen kann, also die Antworten für mich nicht immer passen.

M passierte wohl das erste Mal, als ich elf oder zwölf Jahre alt war, glaube ich. –

Vor vier Monaten kam ein neuer Junge in unseren Jugendkreis. Er war und ist mir ein echtes Gegenüber, aber nicht so als Freund, mit dem man geht, sondern ich konnte mich immer sehr gut mit ihm unterhalten. In der Zeit, in der ich ständig mit ihm zusammen war, hatte ich M nie nötig.

Eines Tages lernte ich durch diesen Jungen einen dreiundzwanzig-jährigen verheirateten Mann kennen. Als ich mit diesem allein bei mir im Zimmer war, wußte ich meine Grenzen wieder mal nicht: Petting! Danach haben wir uns noch zweimal gesehen: Petting! Petting!

Ab dieser Zeit passierte M vier- oder fünfmal wieder. Jedesmal, weil mein Körper etwas wollte und ich nachgab. Aber was tun, wenn mein Körper nach dieser kurzen Entspannung verlangt, hauptsächlich in der Zeit kurz vor der Periode?

Vorgestern abend allerdings kam es nicht vom Körper her, son-dern vom Verstand aus bewußt gelenkt. Ich las nämlich ein Trak-tat über Sex und dachte dann, daß ich eigentlich mal wieder M ma-chen könnte. Also muß ich in Zukunft aufpassen, was ich lese.

Mein Seelsorger weiß nichts von alledem. Er und seine Frau sind mir sehr gute Freunde, bei denen ich meistens meine Freizeit ver-bringe. Außerdem habe ich jetzt eine sehr, sehr liebe und gute Freundin, die vor kurzer Zeit ebenfalls Christ wurde und mit der ich über alles spreche. –

Ich ließ den Brief zwei Tage liegen. Inzwischen hatte ich ein langes Gespräch mit meinem Seelsorger. Der Heilige Geist hatte ihm ge-sagt, daß ich Angst habe, zu jemand zu gehen und zu sagen: »Bete für mich, ich bin in einer Not.«

Ich habe mit ihm gebetet und auch später noch alleine sehr lange. Jetzt sind diese Ängste größtenteils weg. Ich fühle mich sehr ge-borgen im Herrn, so als ob ich in seiner Hand liegen, sitzen, laufen würde. Es kommt mir fast vor, als ob ich nicht mehr hier lebe, sondern nur im Herrn. Ich bin sehr, sehr froh.

Ich glaube, daß M jetzt nicht mehr nötig ist für mich, denn irgendwie war ich ständig auf der Suche nach Geborgenheit, Liebe und Zärtlichkeit. Jetzt endlich habe ich verstanden und fühle es, daß nur Gott mir das alles geben kann und gibt.

Vielen Dank!

Beate

Liebe Beate!

Du hast einen langen Weg beschrieben, und ich danke Dir, daß ich mitwandern durfte. Du bist noch nicht im Himmel, und das Gefühl, daß Du »nicht mehr hier lebst«, wird nicht bleiben. Dein Weg wird noch durch viele Höhen und Tiefen gehen. Aber Du gehst in der richtigen Richtung.

Sicher ist Deine Lage anders als die von Ilona in unserem Buch. Sie hatte ja mit siebzehn noch gar keine sexuellen Erfahrungen gehabt. Dein Weg ist schwerer, weil Deine Sexualität viel zu früh aufgeweckt wurde und Du Dich in Erlebnisse eingelassen hast, die Du in diesem Alter noch nicht verkraften konntest. Das war nicht gut für Dich und nicht Gottes Wille.

Die Reaktion Deiner kreidebleichen Mutter, die sicher auch Fehler gemacht hat, mußt Du so verstehen, daß sie Dich vor Schlimmerem bewahren wollte und gewissermaßen die Notbremse zog. Besser wäre es freilich gewesen, Dein Vater hätte eingegriffen.

Andererseits hast Du aber einen ganz großen Vorteil gegenüber Ilona: Du hast einen Seelsorger, der ein Gespür hat für Deine innerste Not und gleichzeitig die Vollmacht, geistlich zu handeln. Wie wenige haben das! Sicher kann er Dir auch ein klein wenig den versagenden Vater ersetzen. Vertraue ihm getrost alles an, auch Deine Rückfälle nach Deinem Glaubenserlebnis. Laß es Dir auch gefallen, wenn er Dich ein wenig hart anpackt. Du mußt ihn geradezu bitten, Dir ab und zu ganz direkte Fragen zu stellen.

Nach einem so langen Irrweg wird sich nicht von heute auf morgen alles wandeln. Es wird noch Niederlagen geben. Wichtig ist, daß Du es sofort aufdeckst und Dir die Vergebung zusprechen läßt. Jenes Ehepaar und Deine Freundin sind die besten Helfer auf Deinem Weg. Vielleicht sogar auch jener Junge, der kein Freund war, »mit dem man geht«, sondern wirklich ein Freund!

Als einen weiteren Bundesgenossen im Kampf solltest Du Deine Intelligenz einsetzen. Du brauchst Dir ja nur vorzunehmen, nie mehr mit einem Mann allein in einem Zimmer zu sein. Ist das so schwer?

Masturbation und Petting hängen zusammen. Im Grunde ist Petting eine Masturbation zu zweit. Die Mehrzahl der Mädchen entdeckt M gar nicht selbst. Viele werden von einem »Freund« zum Petting verführt, der sie dann aber verläßt, nachdem er ein wenig genascht hat. Einmal aufgeweckt, versuchen sie dann, sich die Lust allein zu verschaffen ohne Partner, und fallen in M. Bei manchen kann es so zu einer fast täglichen Gewohnheit werden.

Es ist gut, daß Du schon unterscheiden kannst, ob es ein Überwältigtwerden vom Körperlichen her ist oder ein verstandesmäßiger Willensentschluß.

Fest steht, daß M nicht dem entspricht, was Gott gemeint hat, als er uns die Sexualität gab. Sie ist zur Kommunikation bestimmt, als ein Geschenk an ein Du. Wer stecken bleibt in M, wird das nie erfahren und fügt sich dann tatsächlich selber Schaden zu.

Mit der Erkenntnis, daß letztlich nur Gott Dir die Geborgenheit, Liebe und Zärtlichkeit schenken kann, die Du durch alle Irrwege hindurch immer gesucht hast, ist Dir etwas ganz Großes zuteil geworden. Da bist Du selbst vielen Erwachsenen weit voraus.

Danke Gott dafür, und sei herzlich gegrüßt

von Deinem W. T.

Zwischenwort

Beate hat noch oft zurückgeschrieben. Ihre Briefe schildern ihre Kämpfe, ihr Auf und Ab, wenn auch die Niederlagen immer seltener werden. Einmal konnte ich sie sogar besuchen zusammen mit ihrem Seelsorger. Im Gespräch bestätigte und ergänzte sich das Bild, das sie mir in ihren Briefen gegeben hatte.

Im Grunde befindet sich Beate in der gleichen Lage wie Martina und Gerda: eine kalte, herrschende Mutter, die eher befiehlt und straft als das verstehende, liebevoll leitende Gespräch sucht – und gleichzeitig einen versagenden Vater, der praktisch als Gegenüber für die Tochter ausfällt.

Nur sucht Beate nicht den Ausweg in der gleichgeschlechtlichen Freundschaft wie Martina und Gerda. Beate sucht einen anderen Ausweg: sie glaubt, die Geborgenheit, die ihr ihre Eltern nicht geben, bei Jungen zu finden.

Hierdurch entsteht das große Mißverständnis bei Freundschaften in diesem Alter. Das Mädchen sucht im Grunde keinen Sex, sondern, wie Beate es ausdrückt: »Geborgenheit, Liebe und Zärtlichkeit«. Der gleichaltrige Junge aber kann ihr das nicht geben und ist damit völlig überfordert. Er mißversteht die Annäherung des Mädchens als ein Verlangen nach sexuellen Handlungen und meint sicher, ihm etwas Gutes zu tun, wenn er ihm das anbietet. Das Mädchen glaubt dann zunächst auch, daß sie in der sexuellen Begegnung das findet, was sie sucht. Zu spät merkt sie, daß sie sich geirrt hat.

Darum enden diese Freundschaften, die nicht den Weg von Fritz und Brigitte beschreiten, sondern das Sexuelle einbeziehen, in einer Sackgasse. Es ist nur eine Frage der Zeit, bis die beiden es merken. Sie begegnen sich auf verschiedenen Ebenen, leben aneinander vorbei und finden sich nicht.

Beate sucht im Grunde einen Vater. Deshalb wurden ihr vor allem auch ältere, verheiratete Männer zur Versuchung. Wenn nur die Väter begreifen würden, wie sehr sie ihren Töchtern helfen könnten und sie schützen könnten durch bewußte Zuwendung und Zärtlichkeit, die auch das Körperliche mit einbezieht! Aber viele Väter haben Angst vor ihren heranwachsenden Töchtern und ziehen sich feige zurück.

Was Beate rettet, ist ihr Glaube. Ihr Bericht zeigt, daß der Glaube eben nicht einfach ein Überbau ist auf dem Fundament des Lebens, der sein kann oder nicht sein kann, also gewissermaßen ein Luxus, der am Fundament nichts ändert, sondern eine Realität, die gestaltend und verändernd in ihr Leben eingreift.

Die letzte, tiefste Geborgenheit können auch die besten Eltern ihrem Kind nicht schenken, auch nicht eine Frau ihrem Mann – und noch weniger vielleicht ein Mann seiner Frau. Die letzte Geborgenheit gibt uns nur eine persönliche Beziehung zu Gott. Eltern und Ehepartner können davon bestenfalls ein Abglanz sein. –

Hat Beate einen schwachen Vater, so hat Peter einen starken. Daß das allein auch nicht alle Probleme löst, zeigt sein Brief.

17 Ich bin zwanzig und hatte noch keinen Verkehr

»Mein Vater ist als Psychiater der Meinung, daß vorehelicher Verkehr notwendig ist.« – »Es gilt bei meinen Freunden unterschwellig als Mannbarkeitsritus, ein Mädchen möglichst schnell herumzukriegen.« – »Ich bekam zu hören: ›Für mich ist ab der Gürtellinie Schluß.‹«

Peter R., 20, Freundin 17

Sehr geehrter Herr Trobisch!

Ich habe von meiner Freundin Ihr Büchlein »Liebe ist ein Gefühl, das man lernen muß« bekommen. Sie haben das Büchlein in einer Art geschrieben, die mich sofort Vertrauen zu Ihnen fassen ließ. Ich möchte Ihnen mitteilen, daß ich Ihnen in fast allem recht geben muß. Zufälligerweise hatte ich ähnliche Gedanken genau einen Tag, bevor ich Ihr Büchlein las.

Ich bin zwanzig Jahre alt und hatte noch keinen Geschlechtsverkehr. (Das ist eine seltsame Kombination von Inhalten in einem Satz, mir fällt nichts Besseres ein!) Die meisten meiner Freunde, wenn nicht gar alle, haben den Geschlechtsakt schon seit mehreren Jahren mit einem, meistens sogar mit mehreren Mädchen vollzogen. Es gilt bei ihnen wahrscheinlich unterschwellig als Mannbarkeitsritus, ein Mädchen möglichst schnell »herumzukriegen«. Folglich wollte ich dasselbe, da ich ja von der Gruppe voll als »Mann« akzeptiert werden wollte.

Jetzt habe ich vor etwa zehn Tagen ein Mädchen kennengelernt. Als ich mich an sie »ranmachte« bzw. als ich mich von ihr »angeln« ließ, wollte ich sie auch möglichst schnell »rumkriegen«.

Obwohl wir uns kaum kannten, merkten wir, daß wir im Großen und Ganzen auf der gleichen Welle funkten, und so kam es, daß wir schon nach einer halben Stunde über alle möglichen Dinge sehr offen miteinander sprachen. So bekam ich bald von ihr zu hören: »Für mich ist ab der Gürtellinie Schluß. Was darunter kommt, gehört in die Ehe.« (Sie ist ein sehr christlich engagiertes Mädchen.)

Sie können sich vorstellen, daß das erst mal ein Schlag ins Kontor war. Aber das Mädchen war so nett, daß ich mich weiter mit ihr befaßte. Trotz unserer verschiedenen Ansichten über Sex verknallte ich mich in sie. (Vielleicht hatte ich auch unbewußt den Gedanken: »Die krieg ich schon rum.«)

Vorgestern war sie dann bei mir zu Hause, und wir machten auf sexuellem Gebiet große Fortschritte. Ich streichelte ihr sogar unter Kleidung und BH die Brust. Eigentlich müßte ich also mit meinen Erfolgen als »Mann« zufrieden sein. Ich bin es aber gar nicht.

Im Laufe des Nachmittags sagte ich ihr, daß ich sie liebhabe, sogar, daß ich sie liebe. Nachdem ich sie dann zum Zug gebracht hatte – sie wohnt zehn Kilometer entfernt –, dachte ich über meine Gefühle zu ihr nach. Sagte ich eigentlich die Wahrheit, wenn ich sagte, daß ich sie liebe?

Ich fragte mich: »Wieso hast du dann, als ihr euch sexuell betätigt habt, das Ganze rein mechanisch und ohne Gefühl gemacht?« Ich kam zu dem Ergebnis, daß die Beziehung und die Gefühle zwischen mir und dem Mädchen noch nicht reif und sicher genug waren für solche Aktionen.

Ich unterhielt mich gestern mit ihr darüber und schlug vor, unsere sexuellen Betätigungen auf das Küssen und Streicheln der Brust über der Kleidung zu beschränken. Sie war einverstanden.

Aber kaum waren wir soweit, machte sie den Vorschlag, wir könnten ja ruhig so weit gehen wie am Tage zuvor. Ich war trotz anfänglichem Zögern dazu bereit und hatte meinen Spaß.

Als ich dann aber nach Hause fuhr, hatte ich ähnliche Empfindungen wie am Tage vorher. Ich habe jetzt die feste Absicht, es in Zukunft nicht mehr so weit kommen zu lassen, da mir die Beziehung zu dem Mädchen ja wertvoll ist. Wir mögen uns so sehr – sie ist übrigens gerade siebzehn geworden –, daß wir schon vom Heiraten gesprochen haben. Und das nach einer Woche und vier Tagen!

Mich würde nun Ihre Meinung zu dem allen interessieren. Ich habe mich mal mit meinem Vater (56) darüber unterhalten. Er ist als Psychiater der Meinung, daß vorehelicher Verkehr notwendig ist, damit die Partner sehen können, ob sie sexuell zusammenpassen oder nicht. Aus seiner Erfahrung mit seinen Patienten heraus sagte er mir, daß viele Ehen daran scheitern würden, daß die Partner nicht sexuell zusammenpassen.

Sie dürfen aber nicht glauben, daß mein Vater ein ungläubiger Mensch ist. Im Gegenteil! Er ist der Meinung, daß viel weniger Menschen psychisch krank wären, wenn sie sich an Gott orientieren würden und nach den Regeln einer Religion leben würden.

Ich danke Ihnen für Ihr Interesse an meinem Problem und für die Mühe, meine Schrift zu entziffern.

Hochachtungsvoll

Ihr Peter

Lieber Peter!

Das gibt es also auch noch, daß ein junger Mann dem Gruppendruck standhält, ehrlich sich seine wahren Gefühle eingesteht und darüber nachdenkt, dem Mädchen von sich aus die Grenze setzt und noch obendrein dem Rat des eigenen Vaters, gegeben mit dem ganzen Gewicht psychiatrischer Erfahrung, widersteht und auf Geschlechtsverkehr verzichtet!

Weißt Du, lieber Peter, Du gehörtest in ein Museum! Nicht etwa, weil Du so altmodisch wärst! (Ich glaube eher, Du bist Deiner Zeit meilenweit voraus.) Nein: weil so etwas heute so selten ist. Du bist einfach Spitze. Ich kann Dir nur gratulieren.

Je mehr ich aber über Deinen Brief nachdenke, um so mehr kommt mir folgende Vermutung: Es gibt sicher viele, vielleicht sogar sehr viele junge Menschen – Jungen und Mädchen –, die so denken, fühlen und handeln wie Du. Aber sie sind so eingeschüchtert und verunsichert, daß sie das gar nicht mehr laut zu sagen wagen. Möglicherweise gehören sogar mehr von Deinen Freunden dazu, als Du ahnst. Sie tun nur so »als ob«, um mitreden zu können, um akzeptiert zu werden und als »Mann« zu gelten.

Dabei kannst Du Dich darauf verlassen, daß sie fast alle dasselbe Unzufriedenheitsgefühl haben wie Du. Sie geben es sich nur nicht zu! Ihr Ich ist zu schwach, um gegen den Strom zu schwimmen – wobei allerdings sehr die Frage ist, in welche Richtung der Strom tatsächlich fließt.

Denn die Zeitungen und Illustrierten geben nämlich ein falsches Bild. Junge Männer wie Du sind einfach nichts für »publicity«. Da läßt sich nichts Pikantes darüber schreiben und erst recht nicht photographieren. Die »publicity« kriegen nur die andern. Dadurch entsteht der Eindruck, daß alle Jugendlichen heute selbstverständlich nichts Eiligeres zu tun haben, als miteinander ins Bett zu gehen und dabei noch glücklich zu sein. Beides ist eine Lüge.

Wie könnte es sonst sein, daß ich ausgerechnet aus Skandinavien, wo die Freizügigkeit vielleicht am weitesten geht, so viele Briefe Jugendlicher bekomme, die an innerer Unzufriedenheit leiden? Daß gerade dort die Selbstmordziffer mit am höchsten liegt?

Was nun Dein Erlebnis mit jenem Mädchen anbelangt, so ist es sicher das Hilfreichste für Euch beide gewesen, daß Ihr miteinander gesprochen habt. Wenn Du zurückdenkst, wirst Du zugeben müssen, daß sich Eure Beziehung nie durch Berührungen, sondern ausschließlich durch das Gespräch vertieft hat.

Dabei ist das offene Sichaussprechen über die Grenze und eine klare Vereinbarung sicher gut. Freilich wird an Eurem Beispiel auch deutlich, daß die Faustregel mit der »Gürtellinie« ein Blödsinn ist. Unter Umständen ist ein Mädchen an den Brüsten viel empfindsamer und erregbarer als an den Geschlechtsteilen. Außerdem verlangen alle diese Berührungen nach einem Mehr, und gewöhnlich geht es am nächsten Tag nicht nur so weit wie am Tag vorher, sondern immer noch ein Stückchen weiter.

Auch das wird deutlich an Deinem Brief, daß der Junge manchmal die Grenze setzen muß, selbst gegen den Willen des Mädchens, weil sie ihre eigenen Gefahren nicht kennt und ihre Kraft überschätzt. Dafür also ein besonderes Lob. Da hast Du wirklich Deinen »Mannbarkeitsritus« bestanden!

Als Du Dich hingegen überreden ließest, gegen Deinen Vorsatz und Dein inneres Gefühl für das Richtige zu handeln, hast Du

Dich von ihr rumkriegen lassen anstatt umgekehrt. Gerade da hast Du Dich nicht als Mann bewährt.

Das Wort »lieben« hast Du allerdings zu früh ausgesprochen, und auch über das Heiraten könnt Ihr nach so kurzer Zeit nichts entscheiden. Dabei mußt Du wissen, daß bei einem Mädchen unbewußt fast immer die Ehe im Hintergrund steht, wenn ihr ein junger Mann gefällt.

Was nun Deinen Vater anbetrifft, so mußt Du zunächst bedenken, daß er es meist mit kranken Menschen zu tun hat, und daß man daher vorsichtig sein muß, aus solchen Erfahrungen allgemeine Verhaltensregeln abzuleiten – es sei denn, man ist der Ansicht, daß heute fast alle Menschen krank und neurotisch sind.

Aber das glaube ich nicht. Ich habe eine ganz große Hoffnung für die Jugend heute, und ein junger Mann wie Du stärkt in mir diese Hoffnung. Leider ist es nur auch hier wieder so, daß in Zeitschriften, Büchern, Filmen und Theaterstücken die Kranken weit mehr Aufmerksamkeit erhalten als die Gesunden. Es scheint soviel einfacher zu sein, das Negative darzustellen und zu beschreiben. Es gibt in unserer Zeit geradezu eine Faszination der Finsternis.

Aber ganz abgesehen davon stimmt es einfach nicht, daß das verfrühte sexuelle Kennenlernen eine Hilfe sein soll bei der Partnerwahl. Im Laufe der Ehe stellt sich dann oft heraus, daß die sexuelle Anziehung allein eben nicht genügt, um eine Ehe ein Leben lang erfüllt zu führen. Auch heiraten viele dann aus einer Art Pflichtgefühl heraus, weil sie schon zu weit gegangen sind, obwohl sie ahnen, daß sie innerlich nicht zusammenpassen.

Und wenn Erfahrungen mit mehreren Partnern vorliegen, dann ist gerade das Vergleichenkönnen dem Aufbau einer ausschließlichen, einmaligen und originalen Partnerbeziehung, wie es die Ehe ja sein soll, abträglich. Untersuchungen, vor allem in Amerika, haben ergeben, daß die Scheidungsziffer gerade bei den Ehen am niedrigsten liegt, bei denen beide Partner die ersten und einzigen waren, die miteinander Verkehr hatten und folglich kein Vergleich möglich war.

Was nun das Zusammenpassen der Organe selbst anbetrifft, so mußt Du bedenken, daß es sich ja um Weichteile handelt und nicht um Knochen, daß sich Penis und Vagina also einander anpassen – vorausgesetzt, es ist dazu genügend Zeit vorhanden. Erst die Ehe erfüllt diese Voraussetzungen wirklich. Die Scheide ist so dehnungsfähig, daß auch ein großer Penis in eine kurze Scheide normal tief eindringen kann.

Sollte Dein Vater aber an die Sexualneurosen gedacht haben bei seinen Patienten, so wäre dazu zu sagen, daß diese ja nur durch eine Verteufelung der Sexualität entstehen, nicht aber bei freiwilligem Warten zugunsten der Reife, wofür Du Dich entschieden hast.

Schließlich stimme ich Deinem Vater völlig zu, daß die Hauptursache psychischer Erkrankungen darin zu suchen ist – letztlich –, daß die Menschen sich nicht mehr an Gott orientieren und nach den »Regeln einer Religion leben«. Nur sehe ich einen Widerspruch zwischen dieser Überzeugung und dem Rat, den er Dir gab.

Sollte er mit den »Regeln einer Religion« etwas anderes meinen als die Gebote Gottes? Diese sind nämlich eindeutig. Der Ausdruck »ein Fleisch werden« kommt in der Bibel nur in bezug auf die Ehe vor. Nach biblischem Denken sind der Stand der Ehe und körperliche Vereinigung – und zwar in dieser Reihenfolge! – eindeutig miteinander gekoppelt (1. Mose 2,24).

Viele behaupten, die Bibel sage nichts über voreheliche Beziehungen. Das stimmt aber nicht. In einem Kapitel im Alten Testament (5. Mose 22) steht darauf sogar die Todesstrafe durch Steinigung.

Doch auch im Neuen Testament heißt die Alternative eindeutig: »Können sie nicht enthaltsam leben, so mögen sie heiraten« (1.Kor. 7,9). Also: Enthaltsamkeit oder Ehe – aber nicht irgendein Kompromiß.

Schließlich wäre auch die Verlegenheit Josefs angesichts der Schwangerschaft Marias unverständlich, wenn es nicht einhellige Meinung der Bibel wäre, daß Verkehr selbst Verlobter nicht dem Willen Gottes entsprach (Matth. 1,18–25).

Da hast Du also die »Regeln der Religion« – wenn Du so willst, die sogar ein Psychiater positiv beurteilt! Was mich aber so sehr bewegt an Deinem Brief, ist die Tatsache, daß Du diesen Regeln instinktiv gefolgt bist, ohne sie Dir bewußt zu machen!

Gehe Deinen Weg weiter, und lasse Dich durch nichts und niemanden darin irre machen!

Ich grüße Dich herzlich

Dein W.T.

Zwischenwort

Meine Kinder meinten beim Vorlesen des Manuskriptes dieses Buches, daß ich Peter zu sehr gelobt hätte. Schließlich habe er das Mädchen rumkriegen wollen. Dann seien ihm zwar Bedenken gekommen, doch er habe keine Konsequenzen daraus gezogen. Bei seinem Alter – er sei ja fast vier Jahre älter als das Mädchen – wiege das schwer.

Gegen den Satz: »Wir machten auf sexuellem Gebiet große Fortschritte« erhoben sie Einspruch und kritisierten, daß ich Peter nicht darauf angesprochen habe. In der Tat ist dieser »Fortschritt« in Wahrheit ein Rückschritt.

Die Haltung des Mädchens war ihnen unverständlich. Mit dem Setzen der »Gürtellinie« als Grenze mache sie es sich zweifellos zu leicht. Erst hindert sie Peter, sie zu verführen, dann aber verführt sie ihn selber.

Das Ineinander von Verantwortung und Schuld und gleichzeitig die große Unsicherheit kommt meiner Ansicht nach in dem Brief gut zum Ausdruck.

Eine meiner Töchter legte den Finger auf den entscheidenden Punkt, auf die Wurzel dieser Unsicherheit: »Sie haben beide eine falsche Vorstellung vom Christsein. Es besteht für sie im Befolgen bestimmter Regeln. Darum geht es aber gar nicht.«

Sie hat recht. Christsein ist die persönliche Beziehung zu Jesus Christus. Es ist die Erfahrung, daß Gott wahrmacht, was er dem Psalmisten verheißt: »Ich will dich unterweisen und dir den Weg zeigen. Ich will dich mit meinen Augen leiten.« (Ps. 32,8). Von dieser persönlichen Blickverbindung weiß weder Peter noch seine »christlich engagierte« Freundin etwas. Noch nicht, jedenfalls.

Meine Frau sagte: »Wenn ein Mädchen einmal so weit gegangen ist, kann es schwer zurückstecken.«

Wie leicht daraus eine Bindung erwachsen kann, soll der nächste Brief zeigen, bei dem es sich wieder um ein sechzehnjähriges Mädchen und um einen um Jahre älteren jungen Mann handelt. Diesmal hat das Mädchen das Wort.

18   Im goldenen Käfig

>»Durch Egon fühlte ich mich in einen goldenen Käfig gezwängt.« – »Hätte ich Ihr Büchlein gehabt, wäre ich keine sexuelle Bindung eingegangen.« – »Ich wollte mich zurückziehen, aber da war ich schon in seinem Netz verfangen.«
>
> Angela G., 16, Schülerin, Freund 22

Lieber Herr Trobisch!

Ich habe von meiner Schwester Ihr Buch »Liebe ist ein Gefühl, das man lernen muß« zu meinem 16. Geburtstag im April geschenkt bekommen. Als ich es vor kurzem wieder einmal las, beschloß ich, Ihnen zu schreiben. Ich finde es sehr gut und bin froh darüber, daß man Ihnen schreiben kann. Es wird ein langer Brief werden, denn es ist eine lange Geschichte, die ich einfach einmal loswerden muß.

Angefangen hat alles vor ungefähr einem Jahr. Durch eine Schulkameradin kam ich in eine Jugendgruppe in einem Ort, der ca. 10 km von hier entfernt ist. Dort lernte ich auch Egon (22) kennen. Wir verstanden uns auf Anhieb, und ein paar Wochen später gingen wir miteinander.

Am Anfang konnte ich Egon nicht so richtig gern haben, aber dann war ich schnell an ihn gewöhnt. Er hing sehr an mir und verwöhnte mich, wo er nur konnte. Er kam, gegen meinen Willen, jeden Tag zu mir. Er wollte einfach eine feste Bindung eingehen, was ich persönlich noch lange nicht vorhabe. Ich will einfach meine Jugend genießen und noch viele Leute kennenlernen. Aber durch Egon fühlte ich mich in einen goldenen Käfig gezwängt. Ich kam zwar durch ihn viel fort, er wollte mir Abwechslung von meinem schulischen Alltag geben, aber ich fühlte mich trotzdem nicht wohl in meiner Haut. Einerseits genoß ich Egons Freundschaft, andererseits wäre ich am Samstagabend auch wieder einmal gern mit meinen früheren Freundinnen fortgegangen, um mit anderen Jungen zu tanzen. Wenn Egon dabei war, durfte ich kaum mit anderen tanzen.

Ich fühlte mich eingeengt und hatte immer das Gefühl, das große Glück winke noch irgendwo anders. Ich wollte das ändern. Ich hatte Egon inzwischen gern (ich glaubte es wenigstens); obwohl, ich konnte mir (im Gegensatz zu Egon) einfach nicht vorstellen, daß ich noch ein paar Jahre mit ihm gehe und daß wir dann heiraten. Egon ist wirklich ein feiner Kerl. Ich glaube, es gibt heute nur noch ganz wenige junge Männer mit so einem ehrlichen Charakter.

Dadurch, daß wir uns jeden Tag trafen, kamen wir uns auch bald körperlich näher. Nach einem Vierteljahr kam es dann auch zum ersten Geschlechtsverkehr. Dieser körperliche Kontakt führte bei mir zu noch größeren Konflikten, ja es führte sogar so weit, daß ich nachts nicht mehr schlafen konnte und so meine Leistungen im Gymnasium rapide abnahmen.

Dadurch wurde ich aggressiv gegenüber Egon, da ich ihm, unbewußt, die Schuld am ganzen Dilemma gab. Wir hatten oft Streit miteinander, und mein Wunsch, wieder einmal frei, unbeschwert und gut in der Schule zu sein, wurde immer größer. Ich beschloß schließlich, mit Egon Schluß zu machen. Ich sagte es ihm am nächsten Tag, danach war er ziemlich fertig.

Am gleichen Abend rief er noch bei mir an, da ich aber schon mit anderen fort war, klagte er alles meiner Mutter, die mir dann wiederum Vorwürfe machte. Sie ist noch heute begeistert von »ihrem« Egon. Dieser ging in den nächsten Tagen fast auf die Knie vor mir, so erbat ich mir Bedenkzeit. Er kam jeden Tag und fragte, ob ich mich für oder gegen ihn entschieden hätte. Ich merkte, wie allein ich ohne ihn war. So gab ich Egon nach 14 Tagen nach.

Aber es war nicht mehr so schön wie früher, und dann, gleich am 1. Osterferientag, kam Egon von einem Tag auf den anderen nicht mehr. Er machte von sich aus Schluß und ließ einfach nichts mehr von sich hören. Das schockierte mich. Es folgten schlimme Ferien, ich weinte Tag und Nacht wegen Egon, ja, ich dachte sogar an Selbstmord, worüber ich heute nur noch lachen kann. Ich glaube bis heute noch, daß es ein Racheakt war. Ich war plötzlich ganz allein. Die Rollen waren vertauscht, jetzt ging nämlich ich fast auf die Knie vor ihm. Aber er blieb hart. Ich merke, daß ich einfach nicht von Egon wegkomme. Es mag damit zusammenhängen, daß er mein erster richtiger Freund war. Ich wünsche mir so sehr einen Menschen wie ihn, zu dem ich mit allen Sorgen kommen kann.

Ich konnte bis jetzt noch mit niemandem über dieses Problem reden. Meine Mutter kann mir da nicht helfen. Im Gegenteil, sie machte es mir am Anfang, als Schluß war, mit ihren Vorwürfen mir gegenüber noch viel schwerer. Ich habe manchmal Tage, da bin ich froh, wieder frei zu sein, dann gibt es wieder Tage, da würde ich am liebsten zu Egon hingehen und ihm um den Hals fallen. Doch dann habe ich wieder das Gefühl, das große Glück warte irgendwo anders.

Was meinen Sie, Herr Trobisch? Soll ich zu Egon zurückkehren, oder soll ich noch warten, bis ein anderer kommt? Es heißt ja, daß man dem großen Glück nicht nachrennen soll, sondern daß man Geduld haben und warten soll. Was soll ich tun? Ich würde gerne Egon Ihr Buch zu lesen geben, es würde ihm sicher helfen, sich besser mit den Mädchen zurechtzufinden. Aber ich kann doch nicht einfach hingehen und ihm das Buch in die Hand drücken, oder?

Ich hoffe, der Brief war nicht zu langweilig für Sie. Ich fühle mich jetzt viel leichter, nachdem ich so viel »abgelegt« habe.

Für eine baldige Antwort von Ihnen wäre ich Ihnen sehr, sehr dankbar. Ich würde mich wirklich freuen, wenn Sie mir zurückschreiben würden. Ich lege Ihnen einen internationalen Antwortschein bei. Im voraus herzlichen Dank.

Angela

Liebe Angela!

Vielen Dank für Deinen langen Brief. Du hast ein ganz sicheres Gefühl dafür gehabt, daß die Zeit noch nicht reif war für eine feste Bindung und daß die Bindung an Egon Dich einzwängte und einengte und Dir Deine Unbeschwertheit raubte. Diesem Unwohlgefühl in der eigenen Haut hättest Du folgen sollen und die Warnung heraushören. Das Wissen, irgendwo ganz tief im Herzen, daß »das Glück woanders winkt«, hat Dich leiten wollen. Doch Du hast nicht auf diese Stimme gehört.

Ich glaube, ich brauche nicht viel Zeit darauf zu verwenden, um Dir klarzumachen, daß Du einen Fehler gemacht hast, indem Du Dich zu früh in ein sexuelles Abenteuer eingelassen hast. Im Grunde weißt Du das schon selber. Denn Du beschreibst ja selbst den Preis, den Du dafür bezahlst: die inneren Konflikte, die Dich auseinanderreißen, weil Du auf diesem Wege eben nicht Du selber sein kannst; das Nachlassen der Leistungen in der Schule, wodurch Du Deine Selbstachtung verlierst; für Freiheit, Lustigsein und Lachen hast Du Dir einen »goldenen Käfig« des Gebundenseins eingehandelt, ein Nicht-Loskommen, selbst nachdem Du verlassen wurdest.

Aber das alles ist noch keine Antwort auf Deine letzte Frage: »Was soll ich tun?«

Die Frage ist für mich nicht ganz einfach zu beantworten, weil Du nirgends zu erkennen gibst, ob Du ein Christ bist. Daran entscheidet sich nämlich sehr viel. Letztlich hängt Hilfe für Dich im Tiefsten von Deiner Entscheidung für Jesus Christus ab.

Auf jeden Fall kannst Du eines tun: aus Deinen Fehlern lernen. Dazu gehört der feste Entschluß, diese Fehler nicht zu wiederholen.

Wenn Du ein Christ wärest, würde ich Dir raten, Gott um Vergebung zu bitten und gleichzeitig um die Kraft, aus der Bindung an Egon ganz auszubrechen. Ich weiß, wie schwer das ist, denn ein erstes sexuelles Erlebnis hat für das Mädchen mehr noch als für den Jungen eine prägende Wirkung, und dem Jungen, der es ihr gibt, fühlt sie sich tief verbunden. Aber Gott ist stärker als diese Prägung und Bindung, und er kann Dir heraushelfen und Dich befreien, wenn Du Dich ihm auslieferst und ihm gehorchst.

Also vor Gott mußt Du auf die Knie gehen, nicht vor Egon.

Dabei meine ich nicht, daß Du den Jungen ausweichen sollst. Aber ich würde an Deiner Stelle die Beziehung zu ihnen auf der Ebene der Bekanntschaft halten und mit mehreren gleichzeitig umgehen – nicht nur mit einem. Will einer Dich allein für sich, dann sei vorsichtig.

Und noch ein Rat: Heirate um keinen Preis der Welt den »Egon« Deiner Mutter, sondern Deinen eigenen. Denn Du wirst mit ihm leben müssen, nicht Deine Mutter!

Du mußt das Warten lernen. Ein Christ ist ein Mensch, der warten kann.

Dein W. T.

Lieber Herr Trobisch!

Vielen Dank für Ihren Antwortbrief. Ich habe mich sehr gefreut, daß Sie mir geschrieben haben. Daß ich nicht schrieb, ob ich ein Christ bin oder sein will, hängt ganz einfach damit zusammen, daß ich gar nicht daran dachte, kein Christ zu sein. Ich bin Christ, römisch-katholisch.

Leider ist es bei uns zu Hause so, daß wir allsonntäglich in die Kirche gehen und sonst nicht über Gott sprechen. Ich würde an manchen Sonntagen lieber zu Hause bleiben und die eine Stunde mit Gott reden. Aber das würde meine Mutter nicht verkraften.

Ich habe leider keinen Menschen außer meiner Schwester, mit dem ich über Gott reden kann. Deshalb gehe ich auch gerne zu meiner Schwester, die aber 100 km von hier entfernt wohnt.

Mit meinem Exfreund Egon konnte ich über Gott sprechen. Er war es auch, der mich zum eigentlichen Glauben hinführte. Von meinen Eltern kannte ich nur den Glauben aus Anpassung. Ich weiß aber jetzt, daß es einen richtigen, ehrlichen Glauben gibt. – Ich komme von Egon nicht nur wegen des sexuellen Erlebens nicht los, sondern auch weil ich in ihm einen Menschen sah, der sehr an Gott glaubt.

Als Egon und ich zum ersten Mal miteinander geschlafen haben, hat Egon ein sehr schlechtes Gewissen vor Gott gehabt, ich damals leider noch nicht, da ich noch nicht so weit mit meinem Glauben war. Wir beide waren nicht stark genug, unser Glaube an Gott nicht groß genug.

Hätte ich Ihr Büchlein »Liebe ist ein Gefühl, das man lernen muß« schon während meiner Freundschaft mit Egon gehabt, wäre ich keine sexuelle Verbindung mit ihm eingegangen. Leider bekam ich Ihr Büchlein zu spät, aber es hat mir damals in meinem ersten Liebeskummer sehr geholfen.

Ich weiß, daß mir eine Freundin fehlt. Es wäre alles anders gekommen, wenn ich eine Freundin gehabt hätte. Aber meine Mutter band mich so sehr an sich, daß ich nie so richtig das Verlangen nach einer Freundin hatte. Ich könnte Ihnen ganze Seiten von diesem Kapitel schreiben, warum meine Mutter das bis heute noch tut.

Ich hatte mit zwölf Jahren meine erste Freundin und verstand mich großartig mit ihr. Jedoch machte ich den großen Fehler, in ihr meine zweite Mutter zu sehen. Anstatt mit meinen Problemen zu meiner Mutter zu gehen, ging ich zu meiner Freundin, wodurch sich meine Mutter wiederum zurückgesetzt fühlte. Nach einem Jahr ließ diese Freundin nichts mehr von sich hören. – Die zweite Freundin hatte ich bald darauf. Mit ihr ging es mir genauso.

Ich lernte Egon gerade dann kennen, als ich ganz allein war, was ich besonders am Wochenende spürte.

Klar, wenn ich jetzt eine wirkliche Freundin hätte, würde mir der Gedanke an einen Freund völlig absurd vorkommen. Aber der Gedanke an eine Freundin beängstigt mich, da ich glaube, jedes Mädchen ist in irgendeiner Art falsch. Ich kenne wirklich kein Mädchen, das mir ehrlich erscheint, und nichts lehne ich mehr ab als Hinterlist und Verlogenheit.

Lieber einen Kumpel, mit dem man durch dick und dünn gehen kann! Ich bin viel lieber mit Kumpels zusammen. Sie erscheinen mir viel ehrlicher. Sie sind auch nicht wegen jeder Kleinigkeit neidisch.

Sie raten mir, die Beziehung mit Jungen auf der Ebene der Bekanntschaft zu halten. Das versuche ich schon seit eineinhalb Jahren. Für mich war es bisher immer schwierig, einen Kumpel, den ich wirklich ehrlich fand, davon zu überzeugen, daß er nur einer unter anderen Kumpels ist.

Auch mit Egon ist mir das mißlungen. Ich hatte in den ersten Wochen unserer Bekanntschaft gedacht, daß er ein Kumpel ist wie jeder andere, mit dem man öfters ausgeht und mit dem man ab und zu Küsse austauscht. Es ist eben doch mehr daraus geworden. Glauben Sie mir, ich wollte mich gleich zurückziehen, als ich das gemerkt habe, aber da war ich schon völlig in seinem Netz verfangen.

Wäre ich schon vor einem Jahr aus diesem Netz herausgebrochen, dann wäre ich eben ein Jahr länger so alleine gewesen, wie ich es heute bin. Ich habe zwar viele Kumpels, mit denen ich viel Spaß habe, besonders da ich gerne lustig bin, aber ich bin im Grunde genommen ganz allein. Wenn ich mich einmal aussprechen will und wirklich Rat brauche, gehe ich zu meiner Schwester.

Daß ich noch keine bleibende Entscheidung für mein Leben fällen kann, weiß ich schon seit längerer Zeit. Deshalb habe ich mich auch von dieser engen Freundschaft mit Egon zurückgezogen. Ich bedaure jedes Mädchen, das mit sechzehn einen Mann kennenlernt, ein paar Jahre mit ihm geht und ihn dann heiratet. Das will ich auf keinen Fall. Ich will meine Jugend noch lange genießen, obwohl ich von diesem Genuß z.Z. nicht viel merke.

Aber ich will jetzt ein guter Christ sein und warten.

Ihre Angela

Liebe Angela!

Ganz herzlichen Dank für Deine ausführliche Antwort. Ich freue mich, daß Du so genau auf meinen Brief eingegangen bist. Vor allem bin ich auch froh darüber, daß Du weiter innerlich an der Loslösung von Egon arbeitest. Von heute auf morgen wird das nicht geschehen. Aber mit Gottes Hilfe wird es Dir ganz bestimmt gelingen. Da Du um das persönliche, lebendige Gespräch mit Gott weißt, ist mir um Dich nicht bange.

Ich verstehe jetzt, warum es Dir so schwer fällt, Dich einer Freundin anzuvertrauen. Ob Deine Mutter ahnt, in was für eine Not sie Dich dadurch brachte, daß sie Dich so fest an sich band? Eigentlich müßte ich einen Brief an Deine Mutter schreiben – und an viele

Mütter, die so gluckenhaft von ihrer Tochter Besitz ergreifen. Du kannst nur eins tun: Dir vornehmen, Dich Deiner Tochter gegenüber einmal anders zu verhalten. Im Grund war es ja Deine Mutter, die Dich Egon in die Arme trieb.

Ich verstehe jetzt auch tiefer, warum Egon so leichtes Spiel hatte. Es vermischten sich in unguter Weise zwei Dinge: Dein Zugehen auf den Glauben und Dein Umgehen mit Deiner Sexualität, Deine Hingabe an Gott und Deine Hingabe an den Mann. Da derjenige, der Dich verführte, als Zeuge Gottes Dir gegenübertrat, als Beispiel eines glaubenden Menschen, wurde Dein Gewissen verwirrt.

Das zeigt, daß sich diese zwei Dinge nicht miteinander verbinden lassen: geistliche Hilfe und Verliebtsein. Man kann einen Menschen, an den man seelisch gebunden ist, nicht zum Glauben führen. Das »Verfangensein im Netz« macht es unmöglich, dem anderen zu einem Freiwerden vor Gott und für Gott zu verhelfen. Ihr könnt in Eurem Alter einander nicht Seelsorger sein. Du hättest entweder einen älteren väterlichen Seelsorger gebraucht oder eine Seelsorgerin. Und Egon, der im Grunde sicher ein anständiger Kerl ist, könnte jetzt auch ganz gut einen Seelsorger gebrauchen.

Da fällt mir ein, daß ich Deine Frage im letzten Brief, ob Du Egon mein Buch geben sollst, noch nicht beantwortet habe. Es wäre sicher nicht verkehrt. Nur darf es nicht wie ein erneuter Annäherungsversuch aussehen. Du könntest es ihm ja anonym mit der Post schicken oder mit einem ganz kurzen Brief dazu, der sagt, daß Du bereust, was zwischen Euch geschehen ist, und daß Du Gott um Vergebung gebeten hast. Das könnte ihm vielleicht einen Schritt weiterhelfen. Mehr kannst Du und darfst Du nicht tun – außer für ihn beten und ihn in Dein Gespräch mit Gott einbeziehen.

Nun aber zu Deinem Kumpelwunsch! Ich glaube, jedes Mädchen in Deinem Alter träumt davon, einen Jungen als einen »richtigen Kumpel« zu haben, mit dem man durch »dick und dünn« geht, der aber sonst nichts von einem will. In Deinem ersten Brief schriebst Du mir: »Ich wünsche mir einen Menschen, zu dem ich mit allen Sorgen kommen kann.«

Aber, siehst Du, mit beiden Wünschen sind die Jungen Deines Alters überfordert. Die Rolle des Sorgenbrechers ist zuviel für sie, und die Rolle des »Kumpels« zu wenig.

Die einen Paar Schuhe sind ihnen zu groß. Eines Tages darf Dein Mann einmal derjenige sein, zu dem Du »mit allen Sorgen kommen kannst«. Aber auch ihm wird es noch schwer genug fallen, soviel Geborgenheit zu geben, wie es ein Frauenherz ständig und immer wieder braucht. Letztlich kann das nur Gott.

Die Schuhe des Nur-Kumpels aber sind für die Jungen zu klein. Dazu ist die Anziehungskraft des Mädchens zu groß, als daß sie die Grenze des Kumpelseins von sich aus wahren könnten. Dies um so mehr, als Du ja das Küssen, auch wenn es nur »ab und zu« geschieht, mit in das Kumpelverhältnis einbeziehst. Es ist mir eine ganz große Frage, ob dieser persönliche, intime Ausdruck der Zärtlichkeit da wirklich mit hineingehört. Ich meine eher nicht.

Denn Du mußt bedenken, daß in Eurem Alter das sexuelle Drängen beim Jungen viel stärker ist als beim Mädchen. Darum fällt dem Mädchen die schwere und sicher oft auch undankbare Aufgabe zu, die Grenzen zu setzen und zu wahren. Ich freue mich, daß Du anfängst, das zu tun, auch wenn der Junge das nicht versteht und Dich verläßt.

Du kannst nicht gleichzeitig frei und nicht allein sein, Angela. Die Freiheit kostet den Preis, daß Du Dein Alleinsein mutig bejahst, und daß Du eines Tages dahin kommst, daß es Dir vor dem Alleinsein nicht mehr graut. Es gibt keine bessere Vorbereitung auf die Ehe, als daß Du jetzt das Alleinsein lernst. Denn nur derjenige sollte heiraten, der auch gelernt hat, allein zu leben.

Auf diesem Wege kann Dir Deine Schwester jetzt vielleicht die größte Hilfe sein. Hundert Kilometer sind zwar eine ziemliche Entfernung, aber es ist auch nicht aus der Welt. Du solltest viele Briefe an sie schreiben und sie oft besuchen und Deinen Glauben durch die Gespräche mit ihr vertiefen.

Dann wirst Du sehen, daß Du im Grunde eben doch nicht allein bist. Kein Mensch ist ganz allein, der an Gott glaubt. Deshalb habe ich eine ganz große Hoffnung für Dich. Es ist schön, daß Du Dein Leben genießen willst. Gott will das auch, daß Du Dein Leben genießt. Um Dir das zu ermöglichen, hat er Dir seine guten Gebote gegeben, die Dir wie Wegweiser ins Herz geschrieben sind. Wenn Du ihnen folgst, wird Dir das Glück aufgehen, das »woanders« ist.

Schreibe mir wieder!

Mit herzlichen Grüßen

Dein W.T.

Zwischenwort

Der Briefwechsel mit Angela ging noch lange weiter. Der Konflikt zwischen ihr und ihren Eltern wurde immer stärker: »Ich quäle mich abends im Bett oft mit Selbstvorwürfen und nehme mir vor, von nun an meine Probleme mit meinen Eltern zu besprechen, aber am nächsten Tag gibt es da einfach eine Wand zwischen ihnen und mir«, schrieb sie.

Vor allem beklagte sie sich über die »Fernsehehe« ihrer Eltern, wie sie es nannte: »Meine Eltern leben schon jahrelang ihre Ehe vor dem Fernsehapparat. Viel mehr haben sie sich nicht mehr zu sagen. In dieses Milieu wurde ich hineingeboren. Ich kenne nichts anderes am Abend, als vor dem Fernseher zu sitzen. Das fängt um 17.30 Uhr an, wenn mein Vater vom Büro zurück ist und wir gegessen haben, und endet spätestens um 22 Uhr, wenn sich beide müde geschaut haben. – Ich versuche laufend, meine Abende anders zu gestalten, entweder durch Musikhören oder Stricken oder sonst etwas. Aber dann rufen mich meine Eltern so lange, bis ich mich dazusetze. Ich finde das furchtbar, möchte ihnen aber andererseits nicht dauernd weh tun. – Auch bei den Mahlzeiten am Tisch wird deutlich, daß sich meine Eltern nichts mehr zu sagen haben. Meine Mutter hat mir vor kurzem vorgehalten, ich wäre schuld, daß die Eltern nicht wissen, was sie sprechen sollten, weil ich selten etwas erzähle.«

Der Konflikt, vor allem zwischen Mutter und Tochter, wurde schließlich so stark, daß ich mich veranlaßt sah, einen Besuch bei der Familie zu machen.

Was ich vermutet hatte, bestätigte sich: Angela hatte keine kalte, ferne Mutter wie Martina, Gerda und Beate, sondern eine sehr nahe, zu nahe Mutter, die ihre Tochter geradezu auffressen wollte, als diese sich einer Freundin anvertraute.

In Abwehr dieser sie erdrückenden Liebe igelte sich Angela ein und schwieg. Das war auch prompt der Vorwurf der Mutter, mit der ich sprach, noch ehe Angela aus der Schule heimkam: »Sie erzählt zu Hause überhaupt nichts mehr. Ich muß alles aus ihr herausfragen.«

Genau das aber brachte Angela zur Weißglut! Als sie dann aus der Schule kam, gelang es mir, die Atmosphäre so weit zu entspannen, daß Angela einmal alles sagen konnte, was sie auf dem Herzen hatte, ohne daß die Eltern sie unterbrachen. Sogar die »Fernseh-ehe« konnte sie zur Sprache bringen. Den Eltern schien es völlig neu zu sein, daß ihr Kind darunter litt.

Der Vater saß bei all diesen Gesprächen gütig lächelnd, aber im Grunde passiv dabei. Ich könnte die Väter manchmal schütteln! Es kann dem Leser nicht entgangen sein, daß sie in all den Brief-wechseln entweder gar nicht oder nur als Randfigur vorkommen. Die einzige Ausnahme ist der Vater von Ritas Freund. Doch der ist mehr patriarchalisch als väterlich.

Ein starker und doch gleichzeitig herzlicher Vater hätte als einzi-ger ein Gegengewicht bilden können zu der übermächtigen Mut-ter.

Hätte Angelas Liebe in ihm einen väterlichen Partner gefunden, hätte sie keinen Egon gebraucht.

Als ich später mit Angela allein war und sie mir ihr Zimmer zeigte – sie hatte sich da eine gute, eigene Welt aufgebaut –, konnte ich mit ihr noch einmal über Egon reden. Die Eltern ahnten nicht, wie weit diese Freundschaft gegangen war. Um eine Schwangerschaft zu vermeiden, hatte Egon sein Glied vor dem Samenerguß zu-rückgezogen.

Als ich Angela klarmachte, wie unsicher diese Methode sei und wie leicht sie hätte schwanger werden können, erschrak sie sehr.

Das Problem löste sich dann so, daß Angela Anschluß an eine an-dere Familie fand, die ihr die eigene fehlende Familie ein wenig er-setzte. Erstaunlicherweise zeigten die Eltern großes Verständnis dafür, daß sie dort ein und aus ging.

Entscheidend aber war, daß Angela ein etwas älteres Mädchen fand, das ihr zur Seelsorgerin wurde und ihr so verworren begon-nenes Glaubensleben in klare Bahnen lenkte.

An Angelas Geschichte wird deutlich, wie sehr sich am Umgang mit dem anderen Geschlecht der Umgang mit Gott entscheidet –

und umgekehrt! Das gilt wohl für alle Lebensalter. Aber für ihr Alter ganz besonders.

Der letzte Briefwechsel soll diesen Problemkreis noch einmal ansprechen.

19 Christus oder Mädchen

>»Mit elf Jahren fing ich an, ein Teenager zu werden.« – »Ich merkte, daß ich als Junge bei Mädchen beliebt war.« – »Der Konflikt ist nun in mir, Christsein oder Mädchen.«
>
> Rüdiger K., 16, Schüler

Sehr geehrtes Ehepaar Trobisch!

Mein Anlaß, Ihnen zu so später bzw. so früher Stunde zu schreiben, ist folgender: Ich bin ein sechzehnjähriger Schüler, auf ein Abitur lossteuernd, und bin – zumindest war ich es – ein Christ.

Mit elf Jahren fing ich an, Teenager zu werden, und vertiefte diesen Lebensstil immer mehr. Mit ca. 12 Jahren hatte ich meine erste »Liebe«. Am Ende meines dreizehnten Lebensjahres wurde ich auf einer Konfirmandenfreizeit Christ.

Entschuldigen Sie meine Schrift. Ich schreibe im Bett.

In der folgenden Zeit habe ich jegliche Beziehungen zu Mädchen aufgegeben und versucht, mein Teenager-Leben ganz über Bord zu werfen und es für immer zu vergessen, was mir aufgrund einer sehr guten Freundschaft zu einem Klassenkameraden und der gemeinsamen missionarischen Aufgabe auch durchaus gelang.

Am Ende meines vierzehnten Lebensjahres ging ich das erste Mal wieder auf eine Fête. Ich merkte, daß ich von meinen Klassenkameraden und den Mädchen trotz meines Christseins akzeptiert wurde.

(Ich bin doch ein wenig müde: 23.45 Uhr)

Am Ende meines fünfzehnten Lebensjahres machte ich meinen ersten Tanzkursus mit. Es machte mir großen Spaß, und ich merkte, daß ein Mädchen mir besondere Zuneigung entgegenbrachte. Ich fand sie auch sehr nett. Aber ich bin ja Christ, so dachte ich.

Nach den Sommerferien nahm ich an einem Fortgeschrittenen-Kurs teil. Ich spürte, wie leicht ich es hatte, ein Mädchen aufzufordern, und daß ich auch meist als erster aufgefordert wurde. Kurzum: ich merkte, daß ich als Junge bei Mädchen beliebt war.

Etwa in der Mitte des Tanzkurses versuchte dann ein Mädchen, mich als ihren Freund zu gewinnen. Ich empfand keine große Zuneigung zu ihr. Außerdem meinte ich, als Christ dürfe man nur Freundschaften mit Christinnen eingehen. Als ich, trotzdem sie während der Tanzstunde neben mir saß, ein anderes Mädchen aufforderte, war sie sehr enttäuscht über mich. Sie versuchte es dann mit anderen Methoden, wenigstens mit mir tanzen zu können. Ich will diese Methoden hier nicht beschreiben, sonst bin ich morgen noch nicht am Schlafen (0.00 Uhr).

Mein Problem: Ich bin bei Mädchen relativ beliebt und würde gern einen engeren Kontakt mit einem Mädchen eingehen. Die Christinnen, die ich kenne, leben jedoch so stark in Cliquen zusammen, daß eine persönliche Gemeinschaft nicht möglich ist.

Bei Nichtchristinnen würde mir von der »objektiven« Seite die Erfüllung dieses Wunsches keine Schwierigkeiten machen. Aber ich glaube, daß ich mich als Christ nicht zugleich einem nicht-gläubigen Mädchen näher zuwenden kann. Entweder die Freundschaft oder mein Christsein überleben das nicht, so denke ich.

Leider macht mein Christsein durch dieses Problem schon eine ständige Talfahrt. Die stille Zeit ist meist nicht mehr lebendig, wenn überhaupt da, weil mir die Bibel irgendwie nichts mehr zu sagen hat. Habe ich den Kontakt zu Gott schon ganz verloren? Ich glaube nicht, denn ich rede noch immer mit ihm. Dennoch fehlt mir das geistliche Potential, das ich bis zum Anfang meiner Tanzstunde hatte. Seitdem ungefähr ging es bergab.

Der Konflikt ist nun in mir: Christsein oder Mädchen. Weil ich mich das eine Mal mehr zum Christsein gezogen fühle, das andere Mal mehr zum nichtchristlichen anderen Geschlecht, mache ich mich bei meinen engeren Freunden schon unglaubwürdig.

0.30 Uhr

Ihr Rüdiger

144

Lieber Rüdiger!

Dank für Deinen Mitternachtsbrief. Ich sehe, daß Dir Dein Christsein etwas bedeutet und daß Du versuchst, Deinen Lebensstil damit in Einklang zu bringen. Darüber bin ich sehr froh, denn viele junge Menschen, die sich Christen nennen, ziehen daraus heute gar keine praktischen Konsequenzen. Ich freue mich, daß das bei Dir anders ist.

Die große Hilfe dabei sind Deine »engeren Freunde«. Du schreibst ja selbst, daß Dir beim Ausbrechen aus dem oberflächlichen Lebensstil der heutigen Teenager die Freundschaft zu einem Klassenkameraden entscheidend geholfen hat. In dieser Richtung mußt Du weitergehen. Solche Freundschaften mußt Du pflegen und darin viel Vertrauen investieren. Du wirst genauso viel Vertrauen empfangen, wie Du Vertrauen gibst. Was ist indessen aus diesem Freund geworden?

Mit so einem Freund solltest Du Dich besprechen, von ihm auch Kritik annehmen und alle die vielen kleinen Entscheidungen im Umgang mit Mädchen mit ihm vor Gott prüfen.

Andererseits freut es mich aber auch, daß Du Dich nicht einfach in Deinen Bau zurückziehst, sondern Dich herauswagst und den Begegnungen mit dem anderen Geschlecht nicht ausweichst. Es ist auch gut, daß Du Dir voll bewußt machst, daß Du eine bestimmte Anziehung auf Mädchen ausübst. Denn Du mußt lernen, verantwortungsvoll damit umzugehen. Gott hat Dir offensichtlich eine gewisse Kontaktfähigkeit gegeben. Das ist eine große Gabe – aber wie jede Gabe eben auch eine Aufgabe. Du kannst nur lernen, sie zu meistern, wenn Du den Mädchen nicht aus dem Wege gehst.

Ich finde es also nicht verkehrt, daß Du in die Tanzstunde gegangen bist, auch wenn das zunächst einmal zu einer Talfahrt Deines geistlichen Lebens geführt hat. Aber es wäre zu billig, wenn Du versuchen wolltest, dadurch eine »Höhenfahrt« zu gewinnen, daß Du Dich einfach von Mädchen abschirmst. Das Ziel ist vielmehr, Dich dem Gegenwind auszusetzen und trotzdem in der Gottesnähe zu bleiben. Mein Rat ist der, zunächst keine ausschließliche Beziehung mit einem Mädchen zu suchen.

Es ist gut, mit mehreren Mädchen gleichzeitig bekannt zu sein, einmal die und einmal jene einzuladen oder Dich auch einladen zu lassen, ohne daß Du Dich auf eine einzige festlegst.

Allerdings kommt es mir so vor, als machtest Du Dir die Einteilung der Mädchen in Christinnen und Nichtchristinnen ein wenig zu einfach. Woher willst Du das so genau wissen? Kannst Du ihnen ins Herz sehen? Vielleicht ist ein Mädchen, das nicht davon redet, im Herzen viel tiefer mit Gott verbunden, als eines, das allen reklameartig mitteilt, daß es »gläubig« sei.

Und auch damit mußt Du rechnen, daß ein Mädchen sich zwar »Christin« nennt, daß das aber auf ihren Lebensstil gar keine Auswirkungen hat. Neulich schrieb mir eine Sechzehnjährige, daß sie mit ihrem Freund gebetet habe und dann mit ihm ins Bett gegangen sei. Sie schien dabei gar keinen Widerspruch zu empfinden.

Andererseits gibt es Mädchen, die vom Christentum keine Ahnung haben, die sich aber einen gesunden Instinkt bewahrten, ein natürliches Schamgefühl, und die gar nicht auf die Idee kommen würden, Dich irgendwie in Versuchung zu führen.

Du siehst, so einfach ist das nicht. Ich finde, solange Du Deine Beziehung zu Mädchen auf der Ebene der Bekanntschaft hältst, brauchst Du nicht so ängstlich zu sein. Du mußt auch lernen, mit Nichtchristinnen umzugehen. Das Leben wird Dich immer wieder mit ihnen konfrontieren. Eine tiefe Freundschaft mit einem Mädchen, das ohne eine persönliche Beziehung zu Gott lebt, mag Dich in einen Konflikt mit Deinem Glauben bringen, nicht aber eine Bekanntschaft. Erst für die Wahl Deiner Lebenspartnerin wird diese Frage entscheidend.

Laß Dir Zeit damit, und sei herzlich gegrüßt

von Deinem W.T.

Lieber Herr Trobisch!

Sehr herzlichen Dank für Ihren Brief. Ich hätte schon viel eher und nicht erst nach Monaten darauf antworten sollen. Entschuldigen Sie bitte das lange Schweigen. Trotz allem war die Verbindung mit

Ihnen durch unseren gemeinsamen Herrn vorhanden. Immer wieder mußte ich in bestimmten Situationen an Sie und Ihren Brief denken.

Sie haben mich mit Ihrer Antwort nicht enttäuscht. Dennoch ist es mir anfangs schwergefallen, Ihren Rat ganz in meinem Leben durchzusetzen. Es kam schrittweise, daß ich Stück für Stück immer ein wenig mehr Ihren Brief verstand und in der Praxis durchführte. Vielleicht wäre es auch unnatürlich, wenn ich von vornherein gleich alles richtig gemacht hätte und nicht auch in meinem Verhalten dem anderen Geschlecht gegenüber von Christus her gewachsen wäre.

Zunächst einmal muß ich Gott dankbar sein, daß er mir in Sachen Freundschaft und Liebe vieles deutlich gemacht hat, mich durch viele Fehler hat lernen lassen. Auch durch manches Buch (u.a. Ihre Bücher, auch besonders Rudolf Affemann »Geschlechtlichkeit und Geschlechtserziehung in der modernen Welt« und Ulrich Schaffer »Gebete und Meditationen«) sowie diesen und jenen treffenden Bibelvers habe ich Einblick in viele Fragen bekommen, die mir das Verständnis der Zusammenhänge wesentlich erleichtert haben.

Man darf eben halt warten und auf anderes verzichten, weil es einem ganz »zum Besten dient«.

Im Augenblick bin ich mit einem gewissen Kreis von Mädchen zusammen, mit denen ich mich mehr oder weniger gut verstehe. Ein gutes Verhältnis ist zu jedem dieser Mädchen vorhanden. Verständlicherweise sind es fast alles Christinnen, weil das Nichtvorhandensein der Glaubensgemeinschaft natürlich Konsequenzen für das Verhältnis zueinander hätte.

Trotz allem finde ich es falsch, die Tatsache des Glaubens gewissermaßen als Freibrief zu benutzen, um eine ausschließliche Freundschaft mit einer Christin einzugehen. Oft kommt hinzu, daß ihre seelische Reifung gegenüber ihrer körperlichen Reifung zurücksteht und sie auch nicht ansatzweise zu einer Liebe zum »Du« fähig wäre. Ich selbst habe früher diesen Fehler gemacht. Jetzt aber weiß ich: der Sinn der Ehe, der Freundschaft zum Du, der von Gott geschaffenen Sexualität liegt ja wohl viel tiefer, und die Aufgabe, diese Dimensionen zu erfahren, liegt noch vor mir.

Doch auch jetzt schon danke ich dem Herrn, daß er mir in den jeweiligen Grenzen den Raum gegeben hat, das andere Geschlecht kennenzulernen und verstehen zu lernen. Und gerade dadurch, daß die beiden »Pole« nicht so eng beieinander liegen, kommen Spannungen und somit Kräfte auf, die man bei einer engen Freundschaft gar nicht kennengelernt hätte. Auch das ist ein Erlebnis. . .

Aber es ist schwer und dauert lange, bis man das alles verstanden und erfahren hat. Besonders schwierig ist es, dies jemand anderem deutlich zu machen, wenn ich darauf angesprochen werde. Leider wird in unserer Kirche und in der Gemeinde sehr wenig in dieser Hinsicht getan.

Deshalb hilft es mir, daß ich außerdem noch mit vier anderen Jungen zusammen bin. Wir treffen uns zweimal in der Woche – das eine Mal zur Unterhaltung über Verschiedenes, was uns bewegt, das andere Mal zur Bibelarbeit. Auch dies ist, so meine ich, ein wichtiges Stück Lebensraum, ein Stück Liebenlernen. Wir lernen miteinander die Liebe Gottes kennen, die er uns Menschen schenkt.

Sie haben mich auf einen neuen Weg geführt, der schwieriger ist als der alte und der mehr Ausdauer und Kraft fordert. Aber es ist letztlich der reichere, der erfülltere Weg. Und dafür danke ich Ihnen.

Ihr Rüdiger

NACHWORT

Zum Schluß ein Brief an Dich.

Du hast eben etwas ganz Ungewöhnliches erlebt: Du durftest Briefe lesen, vertrauliche Briefe, die ursprünglich gar nicht für Dich bestimmt waren. Hast Du Dir eigentlich schon einmal überlegt, wieviel Dir damit anvertraut und zugetraut wurde? Ich hoffe, Du bist diesen Jungen und Mädchen dankbar dafür, daß sie Dir einen Einblick in ihre private Post gewährt und ihr Herz gewissermaßen offen vor Dich hingelegt haben.

Aber was machst Du nun mit diesem Einblick? Welche Schlüsse ziehst Du daraus?

Vielleicht ist Dir beim Lesen der Gedanke gekommen, mir auch einmal zu schreiben. Wenn Du wirklich keine Antwort auf eine ganz persönliche Frage in dem Buch gefunden hast und auch niemanden kennst, mit dem Du sprechen kannst, dann kann das auch richtig sein.

Ich würde mich aber mehr freuen, wenn Du, ehe Du mir schreibst, etwas anderes versuchen würdest.

Vielleicht ist Dir aufgefallen, daß die Eltern in diesem Buch nicht gerade gut wegkommen. Viele dieser Jungen und Mädchen haben mir ja gerade deshalb geschrieben, weil sie sich von ihren eigenen Eltern nicht verstanden fühlen. Bei fast allen aber scheint der Dialog mit den eigenen Eltern abgebrochen oder gestört zu sein.

Ist Dir schon der Gedanke gekommen, daß es nicht nur die heranwachsenden Söhne und Töchter sein könnten, die Hilfe brauchen, sondern auch deren Eltern? Daß Du Deinen Eltern genauso viel helfen könntest wie sie Dir?

Ich möchte Dir jedenfalls einen ganz praktischen Vorschlag machen: Versuche doch einmal, mit Deinen Eltern in ein Gespräch zu kommen! Und zwar nicht in eins, das zufällig entsteht und so zwischen Tür und Angel stattfindet, sondern in ein ganz bewußt herbeigeführtes Gespräch.

Fange mit dem Elternteil an, mit dem es Dir am leichtesten fällt. Später kannst Du es dann mit dem andern Elternteil tun und noch später einmal mit beiden Eltern zugleich probieren. Eines Tages könnt Ihr noch Deine Geschwister dazu einladen, so daß ein richtiger Familiendialog entsteht. Aber für den Anfang ist es vielleicht am besten, wenn Du mit Vater oder Mutter allein beginnst.

Und das machst Du so:

Du bittest um eine Viertelstunde Zeit. Ihr setzt Euch beide entspannt in eine ruhige Ecke oder auf den Boden.

Dann braucht jeder ein kleines Notizbuch, und Ihr einigt Euch auf eine Frage. Vorschläge für solche Fragen findest Du im Anschluß an diesen Brief. Du kannst Dir aber auch selber Fragen ausdenken. Sie sollen irgend etwas betreffen, das Dir am Herzen liegt.

Jeder notiert also die Frage in sein Notizbuch, und dann sind fünf Minuten Zeit, um sie schriftlich zu beantworten. Nach fünf Minuten tauscht Ihr die Notizbücher aus, und jeder liest still durch, was der andere geschrieben hat.

Dann sprecht Ihr zehn Minuten darüber – nicht länger, denn sonst kommt es nie dazu.

Wichtig ist dabei, daß Ihr nicht »diskutiert«, sondern einen »Dialog« führt. Das heißt: es geht nicht darum, recht zu behalten, eine Übereinstimmung zu erzielen oder gar eine Lösung zu finden. Es geht lediglich darum, zur Kenntnis zu nehmen, was der andere denkt und fühlt, und ihn damit anzunehmen, auch wenn er anderer Meinung sein sollte als Du, und Du seine Gefühle nicht teilen kannst.

Bedenke: Gefühle sind nie richtig oder falsch. Sie sind einfach da. Punkt.

Es gehört ein gewisser Mut dazu, dem Papier etwas anzuvertrauen, was den anderen verletzen könnte, und gleichzeitig das eigene Verletztwerden auszuhalten, ohne sich zu verteidigen oder zum Gegenangriff überzugehen. Wenn dieser Mut aufgebracht wird, ist der Lohn groß.

Dialog führen in dieser Weise heißt, daß Ihr Euch zusammensetzt, anstatt Euch auseinander zu setzen, und zueinander sagt: »Ich vertraue Dir so sehr, daß ich es wage, Dir die Wahrheit über mich zu sagen, auch wenn ich Dich damit verletzen sollte.«

Nach zehn Minuten steht Ihr auf und brecht das Gespräch ab. Einigt Euch am Schluß noch auf eine weitere Frage für den nächsten Tag, und laßt das noch Ungelöste ruhig stehen. Weil es ausgesprochen wurde, ist ihm das Gift genommen, und es kann verarbeitet werden.

Und vergiß nicht, Deinen Eltern dieses Buch einmal auf den Nachttisch zu legen. Vielleicht lesen sie es doch, und womöglich kommen sie sogar auf die Idee, einmal abends den Fernseher abzuschalten und miteinander einen solchen Dialog zu versuchen oder gar eines Deiner Geschwister zu so einem Gespräch aufzufordern.

Wer weiß, was da noch alles passieren könnte!

Viel Mut und Freude zu dieser Arbeit – es ist eine Arbeit! – wünscht Dir

Dein
                    Walter Trobisch

Fragen, die sich für einen Familiendialog eignen:

Wie fühle ich mich, wenn es schneit? (Regnet? Wenn eine Hitzewelle herrscht? Wenn ein Gewitter kommt?)

Was empfinde ich, wenn ich etwas verschenke? (Etwas geschenkt bekomme?)

Was gefiel mir (was gefiel mir nicht) an unseren letzten Ferien, und welche Gefühle ruft das in mir hervor?

Was denke ich über den Kirchgang?

Wie fühle ich mich, wenn wir Gäste zum Abendessen haben?

Wie fühle ich mich beim Gutenachtsagen?

Was empfinde ich, wenn die Großeltern kommen?

Was ist meine größte Gabe (meine größte Schwäche), und welche Gefühle gibt sie mir?

Wie fühle ich mich, wenn Mutter krank ist?

Wie möchte ich das kommende Weihnachtsfest in unserer Familie gestalten? (die kommenden Ferien?)

Was gefällt mir am besten an unserer Familie, was am wenigsten, und welche Gefühle habe ich, wenn ich daran denke?

Wie fühle ich mich, wenn unser Fernseher kaputt ist?

Wie fühle ich mich, wenn mir jemand aus unserer Familie bei etwas hilft?

Was empfinde ich, wenn ich an meinen Freund (meine Freundin) denke? Für die Eltern: Was empfinde ich, wenn ich an Deinen Freund (deine Freundin) denke?

Wie fühle ich mich, wenn Mutter mich anschreit?

Wie fühle ich mich, wenn Vater die Wut packt?

Was bedeutet mir mein Geburtstag? (Dein Geburtstag?)

Wie fühle ich mich, wenn ich in die Schule (zur Arbeit) gehe?

Was empfinde ich, wenn ich etwas zurückstellen oder auf etwas verzichten soll?

Was fühle ich, wenn Vater von der Arbeit heimkommt?

Was sind eure Stärken – Schwächen – als Eltern, und welche Gefühle vermitteln sie mir?

Auf welche Weise können wir Kinder euch Eltern helfen?

Was können wir an unserem Familienleben verbessern?

»Oft reist einer durch die ganze Welt auf der Suche nach etwas, wonach er sich sehnt – und findet es dann, wenn er heimkommt.« George Moore